四特 教育系列丛书　SITEJIAOYUXILIECONGSHU

U0575501

学生文明素质教育

《"四特"教育系列丛书》编委会　编著

吉林出版集团股份有限公司
全国百佳图书出版单位

图书在版编目（CIP）数据

学生文明素质教育 ／《"四特"教育系列丛书》编委会编著 . —长春：吉林出版集团股份有限公司，2012.4

（"四特"教育系列丛书／庄文中等主编 . 学生素质教育与培养）

ISBN 978-7-5463-8746-8

Ⅰ . ①学… Ⅱ . ①四… Ⅲ . ①中小学生－社会公德教育 Ⅳ . ① G631.7

中国版本图书馆 CIP 数据核字（2012）第 043957 号

学生文明素质教育
XUESHENG WENMING SUZHI JIAOYU

出 版 人	吴 强	
责任编辑	朱子玉 杨 帆	
开 本	690mm × 960mm 1/16	
字 数	250 千字	
印 张	13	
版 次	2012 年 4 月第 1 版	
印 次	2023 年 2 月第 3 次印刷	

出 版	吉林出版集团股份有限公司
发 行	吉林音像出版社有限责任公司
地 址	长春市南关区福祉大路 5788 号
电 话	0431-81629667
印 刷	三河市燕春印务有限公司

ISBN 978-7-5463-8746-8   定价：39.80 元

前　言

　　学校教育是个人一生中所受教育最重要的组成部分,个人在学校里接受计划性的指导,系统地学习文化知识、社会规范、道德准则和价值观念。学校教育从某种意义上讲,决定着个人社会化的水平和性质,是个体社会化的重要基地。知识经济时代要求社会尊师重教,学校教育越来越受重视,在社会中起到举足轻重的作用。

　　"四特教育系列丛书"以"特定对象、特别对待、特殊方法、特例分析"为宗旨,立足学校教育与管理,理论结合实践,集多位教育界专家、学者以及一线校长、老师们的教育成果与经验于一体,围绕困扰学校、领导、教师、学生的教育难题,集思广益,多方借鉴,力求全面彻底解决。

　　本辑为"四特教育系列丛书"之《学生素质教育与培养》。

　　实施素质教育是我国现代化建设事业的需要。它体现了基础教育的性质、宗旨与任务。提倡素质教育,有利于遏制当前基础教育中存在着的"应试教育"和片面追求升学率的倾向,有助于把全面发展教育落到实处。从教育面向现代化、面向世界和面向未来的要求看,素质教育势在必行。这是我们基础教育时代的主题和任务。

　　学校教育的核心工作是培养全面发展的社会主义建设者和接班人,而学生则是未来的主要建设者和接班人,直接关系到整个社会的前途和命运。中小学生正处于青少年时期,其心理生理发展具有不成熟、可塑性强的特点,他们在面对错综复杂的社会时能否全面认识理性分析问题不仅是部分人的问题而是一个社会问题。当代青少年面临更多的机遇和史无前例的挑战,只有树立科学的价值观,才能全面正确地认识自己、他人和社会,才能在认识和改造世界的过程中取得成功。

　　本辑共 20 分册,具体内容如下:

　　1.《学生身体素质教育》

　　根据中小学生参与体育状况调查发现,学生身体素质呈现持续下降的趋势。针对学生身体素质下降的状况,必须要让体育课落到实处,且要加强开展学校课外体育活动的力度,充分调动广大学生参与课外体育活动,从而提高学生的身体素质,使学生的身心得到健康发展。同时,探寻学校学生身体素质下降的根源,从而提高他们的身体素质。

　　2.《学生心理素质教育》

　　本书的各位作者拥有多年从事心理健康教育和研究的经验,为此,我们运用心理学的基本原理,从同学们的需要出发,编写了本书,它主要包含上面提到的自我、人际、学习、生涯等几个方面的内容。希望同学们能通过本书的学习,掌握完成这些任务的战略与技巧,为你们的长远和可持续发展提供力所能及的帮助。

3.《学生观念素质教育》

不同的人对同一事物产生不同的看法,本来是很正常的事情,但如果不同学生的观念差异太大,甚至"针锋相对",就不能不让人琢磨一下。本书就学生的观念素质教育问题进行了系统而深入的分析和探讨,并提出了解决这一问题的新思路、可供实际操作的新方案,内容翔实,个案丰富,对中小学生、教师及家长均有启发意义。本书体例科学,内容生动活泼,语言简洁明快,针对性强,具有很强的系统性、实用性、实践性和指导性。

4.《学生道德素质教育》

道德素质是人的重要内涵,它决定着人的尊严、价值和成就。良好道德素质的培养,关键在青少年时期。为培养学生形成良好的行为习惯,提高道德素质,只有建立学校、家庭、社会三结合的"立体化"教育网络,才能最有效地促进学生道德行为的养成,全面提高青少年的素质,促进青少年的健康成长。

5.《学生形象素质教育》

我们自尊我们自信,我们尊敬师长,我们自强我们自爱,我们文明健康。青春就是一次又一次的尝试。身处在这个未知的世界,点滴的前进,都是全新的体验,它点亮中学生心中的那片雪海星辰。新时代的中学生用稚嫩的双手创造一个又一个生命的篇章。让我们用学识素养打造强而有力的翅膀,让我们用青春和梦想做誓言,让我们用崭新的形象面向世界。

6.《学生智力素质教育》

教学中学生正是通过语言符号和非语言符号,学习知识、技能,在吸取人类智力成果过程中,使自己的智力得到锻炼和发展。指导学生智力发展应贯串于教学过程的始终。备课、钻研教材、上课、答疑、辅导、组织考试、批改试卷和作业都应当分析学生思维的过程,考虑发展思维的教学措施。

7.《学生美育素质教育》

美育是培养学生全面发展的教育方针的重要组成部分。美育又称审美教育或美感教育,是培养学生正确的审美观点以及感受美、鉴赏美和创造美的能力的教育。美育是实施其他各育的需要,美育是全面发展教育的重要组成部分,它渗透在全面发展教育的各个方面,对学生身心健康和谐地发展有促进作用。

8.《学生科学素质教育》

教育应面向全体国民,以提高国民素质、提高学生科学素养为目标,为学生的终身发展打下基础。本书以培养小学生科学素养为宗旨并依据新课程标准编写。学生通过本书的学习,能知道与身边常见事物有关的浅显的科学知识,了解科学探究的过程和基本方法,保持和发展对周围世界的好奇心和求知欲,逐渐养成科学的行为习惯和生活习惯,形成敢于创新的科学态度,培养爱科学、爱家乡、爱祖国的情感。

9.《学生创造素质教育》

创造才能是各种能力的集中和最有价值的表现，人类社会文明都是创造出来的，所以只有具备创造才能的人，才是最有用的人才。一切发达国家都非常重视青少年创造才能的培养。培养创造才能要从教育抓起，要从小做起。

10.《学生成功素质教育》

本书旨在让学生认识到成功素质教育的重要性。成功素质教育的目的和意义在于：激发学生对于成功的欲望和追求；让学生了解成功素养的内涵和相关解释；通过开展积极有效的成功素质教育，激发学生潜能；让学生自发主动地参与成功素质的行为，由被动转为主动。

11.《学生爱国素质教育》

祖国是哺育我们的母亲，是生命的摇篮，我们应该因为自己是一个中国人而感到骄傲。学校要坚持抓好学生的爱国主义教育，使他们从小热爱祖国。"祖国"一词对小学生来说，比较抽象，因此，他们对学生进行爱国主义教育，注意从大处着眼，小处着手，引导学生从身边具体的事做起。

12.《学生集体素质教育》

一个国家如果没有团结稳定的局面是不可能繁荣兴盛的；一个集体如果没有精诚合作的精神是不可能获得发展的；一个班级如果集体观念淡薄是不可能有提高进步的；一个人如果不加强培养集体意识，他是不可能被社会所接纳的。集体意识的培养对每个学生来讲是至关重要的。学生只有在校园就开始提高自己的集体协作意识，才能在将来的工作中游刃有余，才能让自己的前途得到更好的发展。

13.《学生人道素质教育》

人道主义精神与青年成长的关系非常密切，既关系思想意识上的完善，又关系知识面的拓展。为进一步切实加强青少年的思想道德建设，建议教育部制定切合实际的教育纲要，将人道主义教育纳入中小学生课程。本书从人道主义精神的培养入手，规范未成年人的行为习惯，使他们真正成为合格的接班人。

14.《学生公德素质教育》

社会公德作为人类社会生活中最起码、最简单的行为准则，是和广大人民群众的切身利益密切相关的，是适应社会和人的需要而产生的。它对人们的社会生活具有特殊且广泛的社会作用。每个社会成员都应该自觉遵守社会公德。社会公德是衡量一个国家全民素质水准的重要标志，抓紧对青少年进行社会公德教育，既是推动社会进步的奠基工程，也是社会主义精神文明建设的一项战略任务。

15.《学生信念素质教育》

加强公民道德建设，在全社会树立中国特色社会主义的共同理想和信念，加快构建传承中华传统美德、符合社会主义精神文明要求、适应社会主义市场经济的道德和行为规范。未成年人是祖国未来的建设者，加强和改进未成年人思想道德建设尤其重要。理想信念教育是培养公民素质的本质要求，把学生培养成为热爱社会主义祖国,具有社会公德、文明行为习惯的遵纪守法的公民是我国德育工作的主要任务。在德育体系中,理想信念教育处于核心地位,是德育研究的重中之重。

16.《学生劳动素质教育》

劳动素质教育是向学生传授现代生产劳动的基础知识和基本生产技能,培养学生正确的劳动观点,养成良好的劳动习惯的教育。本书旨在培养学生正确的劳动观点和良好的劳动习惯,使学生掌握初步的生产劳动知识和技能。

17.《学生纪律素质教育》

依法治国已成为我国治国的方略。我们正在建设社会主义法治国家,纪律法制在社会生活中的作用越来越重要,因此进行纪律法制教育也就十分必要了,对青少年学生尤其如此。青少年时期正好是一个人世界观、人生观、价值观的形成时期,在此时加强纪律法制教育,有利于帮助他们掌握应有的纪律法制知识,增强纪律法制意识,提高自觉遵守纪律法制的自觉性,养成良好的遵纪守法习惯。

18.《学生民主法制素质教育》

在推进依法治国,建设社会主义法治国家的进程中,加强对青少年的法制教育,促进青少年的健康成长,我们负有不可推卸的历史责任。为此,本书对当前青少年犯罪的现状、特点、成因进行了调查,对如何进一步加强青少年法制教育和预防青少年犯罪的方法作了一些探索,具有很强的系统性、实用性、实践性和指导性。

19.《学生文明素质教育》

礼仪是一种修养,一种气质,一种文明,一种亲和力,它是人际交往的通行证。青少年是祖国的希望,是 21 世纪国家建设的主力军。培养他们理解、宽容、谦让、诚实的待人处事和庄重大方、热情友好、礼貌待人的文明行为举止,是当前基础教育和学校德育工作的重点之一。将主题宣传教育活动、文明礼仪知识普及活动、日常行为规范教育活动紧密结合起来,培养学生文明行为举止,抓实抓细,必定卓然有效。

20.《学生人生观素质教育》

当代的中学生是跨世纪建设有中国特色社会主义的主力军,他们的人生观如何,关系到他们的本质是否能够得到全面提高,关系到我国社会主义大业的兴衰。因此,学校必须加强对中学生进行人生观教育。在校学生是我国社会生活中被寄予厚望的最重要的群体,他们的人生观变化是社会变化的晴雨表。人生观不仅影响他们个人的一生,而且对国家的前途、命运产生相当大的影响。因此,学校必须加强对中学生进行人生观教育。

由于时间、经验的关系,本书在编写等方面,必定存在不足和错误之处,衷心希望各界读者、一线教师及教育界人士批评指正。

编者

目　录

第一章

学生文明素质教育的理论指导

1. 马克思主义哲学是科学的世界观

(1) 哲学与时代的一般关系

哲学属于思想文化的范畴，是一定社会和时代的经济和政治在精神上的反映，它的内容来源于时代。真正的哲学能够反映自己时代的任务和要求，牢牢把握住了时代的脉搏，正确总结和概括时代的实践经验和认识成果，是时代精神上的精华。同时，哲学又反作用于时代，是社会变革的先导和推动力量。哲学可以通过对社会弊端、旧制度和旧思想的批判，更新人的观念，解放人的思想。哲学对社会变革的作用，还体现在它可以预见和指明社会的前进方向，提出社会发展的理想目标；指导人们追求美好的未来；动员和掌握群众，从而转化为变革社会的巨大物质力量。

(2) 马克思主义哲学与时代的关系

首先，马克思主义哲学的产生是时代的要求，它的产生有着深厚的阶级基础、自然科学基础和理论来源。马克思主义哲学把握住了时代的脉搏，反映了时代的任务和要求，是时代精神上的精华。其次，马克思主义哲学不是僵死的教条，它紧跟时代步伐，与时俱进，不断发展壮大。马克思主义中国化的三大理论成果，体现了马克思主义与时俱进的精神品质。

马克思主义哲学是科学的世界观和方法论

(1) 从哲学对象看

以往的哲学总是企图建立一个凌驾于科学之上的包罗万象的知识体系，因而必然有许多不科学的成分。马克思主义哲学明确了哲学的研究对象是自然界、人类社会和思维的普遍本质和规律；正确解决了哲学和具体科学的关系，即以具体科学为基础，对世界的普遍本质和规律进行研究，才使其成为科学的世界观和方法论。

（2）从哲学内容看

在以往的哲学中唯物主义和辩证法是分离的，没有系统的唯物史观。马克思主义哲学则把唯物主义和辩证法有机统一起来，把唯物辩证的自然观和历史观统一起来，使马克思主义哲学成为彻底严密的科学体系。

（3）从哲学使命看

以往的哲学只是以不同的方式去解释世界。马克思主义哲学认为，不仅要科学地解释世界，更要革命地改造世界。实践基础上的科学性和革命性的统一，是马克思主义哲学的本质特征。实践的观点是马克思主义哲学首要的和基本的观点。

（4）从哲学发展看

马克思主义哲学从不自封为最终完成的知识体系，而是把自己看作是发展的理论。它随着实践和科学的发展，不断丰富和发展。

2. 课堂教学应坚持科学世界观教育

学生世界观的形成是一种由家庭教育、学校教育和社会教育的合力形成的结果，在家庭里成人的言行教育、在学校里教育工作者的率先垂范和社会上各种各样的管理者、执法者，都在对单纯的、求知心很强的学生实施着教育。我们在历史上有一个《孟母三迁》的故事就讲述了一个母亲为了确保孩子始终不受到不良环境的影响，而三次搬迁居住地。目前在我们的现代社会里，像孟母一样的家长太少了。

但是最值得我们关注的是我们的课堂教学，对我们的学生是最贴切的教育，它时时刻刻都在手把手地引导学生认识事物、认知世界、学会思索、学会验证、学会表达，时时刻刻都在铸造着学生的思维方法和认识方法。实际上，课堂教学在构建着学生的科学世界观，当他们忘掉学习的知识时，在学生阶段奠基的世界观是会永远烙在他们身上的。当然，还有在学习时教师铸造给他们身上的情感、心理等人格素质。

不要以为我们的数理化和其他学科都是应付考试的，其实它们对我们人类最大的意义在于：科学地透过现象和事物的发展转变过程露事物的科学规律，使人们科学地认识自然和社会现象，使人们在形成科学的思维以后，进一步学习和认知新的事物和科学规律。

我们的数学学科教会我们从事物的数量上、形状上认知事物。物理学科教会我们从现象上认知力、声、电、磁、热，从而使我们学生善于透过现象认知本质。

化学学科也是教会我们认识事物的本质结构，使我们的学生知道事物的结构决定事物的性质。

外语使我们扩展知识面，使我们直接认识世界上各国的科学知识，使我们能够交流和认知。

语文知识为我们提供了认知的手段和表达交流的方法。

还有我们的政治学、历史学、地理学、生物学、心理学、逻辑学、音乐、体育和美术等等，都是我们认识事物的"放大镜"和"显微镜"。当你借助这些知识认知事物时，你会站在不同的视觉角度看事物、看问题，你会毫不疑惑的对事物形成全面、立体、透彻的认识。当一个人的科学世界观已经初具雏形，一旦与他的社会实践相结合，得到融会贯通的发展，必将形成根深蒂固的辩证唯物主义世界观。

事实上真正的马克思列宁主义者、真正的共产主义者的指导思想，都是建立在全人类丰富的自然科学和社会科学的基础上的。翻一翻那些腐败的、贪污的、堕落人的历史，在他们的青少年时期的学习，基本上是不完善的。一些同龄人或同代人，他们虽然亲历文革的磨难、历尽北大荒的风雪，本来应该是一批政治上坚定敏感、是非观念很强、能力强的好干部，但是在青少年时代的确缺少最基本的历史知识、文学知识、数理化及美学等知识的基本学习和熏陶，要他们要自觉形成科学的发展观是不可能的。

现在的应试教育确实也腐蚀了十年之多的青少年，在他们三十而立以后又会在社会上带来什么样的干扰。又值得我们用心思考。我们必须吸取教训，扎扎实实的让青少年真正学会基础学科的基本观点和知识，在基本的科学思想指导下，奠基他们世界观的逐步形成。

但是在应试教育的指导下，我们的教育不再强调培养和树立辩证唯物主义世界观了，更别提在各科教学过程中强调世界观的养育方向了。加上在我国人事制度上的学历标准一再加高，原有的片面追求升学率的教育转化为学历教育，还有所谓的教育产业化，都使我国教育在一定程度上失掉育人的健康方向。

个别教师不再精心研究教科书，而是拿着应付考试的习题大讲特讲、大做特做，校外校里的名师讲座、名校的补习班更是大讲特讲天花乱坠的高难度试题，最后教得我们的孩子都找不到学习的感觉了。连学习的东西南北都找不到的学生，还能找得到学习的思想悟性吗？于是老师和家长都认为我们的学生太笨了。许多学生在考入高中和大学以后，对一些学科的学习兴趣急剧下降、甚至于下决心再也不学某某学科了。我们的学生真是太笨了吗？其实当学生产生厌学情绪时，正是教学上的失败。

现在我们的一些教师不再提教师是学生灵魂的工程师，也是对学科教学的最本质教育目的的忽视，而且我们看到我们的教师越教自己越傻，除了一些本科应试的试题很精通以外，对一些新鲜事物和新鲜知识知道的很少很少。有的科任教师和学生同看一场电影以后相当兴奋，学生对我说："我们的语文老师怎么连小孩的电影都这么惊喜？"我说什么呢？现在我们的一些年轻教师完全是应试教育培养起来的学习尖子，其中一些教师对学生世界观形成缺乏全面的认识，加上他们不少是娇生惯养的独生子女，有时他们的个性比学生还强。我曾经见过一名女教师向学生发火时，我们五十多岁的教师都感到"恐怖"，当时学生"服了"，她很得意，但是不久该生接二连三的打骂班里的同学。当我向该生家长了解学生心态时，家长说是班主任"教的"。这位教师一直是学校的尖子教师，在教学上却从不精心研究教材，平时就是抛开教科书一味地练难题，考试时再帮学生透透题、改改分、压压别的班级的分。由于校领导的宠爱，教师们无可奈何，但是还没到毕业时该班已经无法收拾了。一个重点班就这样毁了，许多学生的思想状态和学风严重败坏，但是该教师换了一个地方，继续当新的骨干去了。

当前，我们在抓好学生的思想素质和德育教育时，必须清醒地看好我们世界观和道德素质的形成过程，扎扎实实地教好我们的各科知识、奠基好他们世界观的形成基础；要时时刻刻地明确学科知识对学生一生世界观形成的意义；要实实在在地解决教师的教育思想，特别是对一些年轻教师是长期在片面追求升学率和应试教育下长大的，长期在德育和智育相割裂、相脱离的教育模式下成型的，我们有责任提醒我们的年轻教师在教学中明确我们的知识教学在奠基着学生一生的世界观，铸造上你给烙上的人格烙印，万万不可有丝毫的忽视。

3. 科学世界观的课堂教学实践

反对封建迷信活动

主要是让学生学会区分正常的宗教活动和封建迷信活动。教材未从宗教和封建迷信的联系和区别讲，而是直接从两种性质不同的活动讲。这样讲，一方面有利于正确理解和贯彻宗教信仰自由政策，一方面也降低了难度，因为宗教和封建迷信的关系是个复杂问题。讲宗教政策，知道正常的宗教活动和封建迷信活动的区别就可以了。

教学中还要注意让学生区分封建迷信活动和群众中一般迷信思想和迷信行为的区别，前者是违法犯罪活动，必须取缔；后者（如朝山进香、烧钱化纸、婚丧禁忌等）则主要靠教育、宣传普及科学知识逐步解决。

在我国长期的封建社会里，封建统治者大力宣传、提倡迷信，使各种迷信活动得以发展、盛行，以便更好地为封建统治者服务。所以，我国把迷信习惯地称为封建迷信。教材用一段楷体字以具体材料说明封建迷信已成为社会一大公害，教师在引导学生阅读的基础上，进一步认识封建迷信活动的危害性，也可以让学生就自己耳闻目睹的事实谈其危害，以便加深对破除封建迷信的认识。

树立科学世界观

教材从社会主义精神文明建设、科教兴国、社会主义事业接班人三个方面说明必须树立科学世界观，反对封建迷信。在教学中，可着重从社会主义事业接班人的需要角度进行分析说明，让学生能做到不仅自己不迷信，而且还要宣传科学理论知识。

7

教材用了一段我国东汉伟大的唯物主义思想家和无神论者王充（公元27－100年）在《订鬼篇》中讲的一段话。他否定了人死为鬼的说法，认为人与物在其自然本质上是相同的，说："物死不为鬼，人死何能独为鬼？"鬼神观念的产生，是人们思念引起的。二千年前，王充就用唯物主义观点对鬼神观念作了批判，可使学生从中悟出科学道理，有助于树立无神论思想。

"试一试：用具体事例说明科学和迷信的对立！"这是启发学生的不仅能从理论上明确科学与迷信的对立，而且能联系具体事例、实际，说明科学和迷信的对立，从而进一步认识树立科学世界观和反对各种迷信的必要性。学生举例的范围不仅是各种封建迷信活动，还可包括各种迷信思想、迷信行为，用学生已学习过的各种科学理论（人们对自然界、对社会的科学认识）加以比较、说明。

教法建议

（1）对于我国的宗教政策的讲解

可以把握以下几点：

①明确我国的宗教政策是什么　尊重和保护宗教信仰自由政策。

②搞清楚宗教信仰自由的含义　"有信不信的自由"即公民有信仰宗教的自由，也有不信仰宗教的自由；"有信这信那的自由"即有信仰这种宗教的自由，也有不信仰那种宗教自由；"有信这派信那派的自由"即在同一宗教里，有信仰这个教派的自由，也有信仰那个的自由是；"有过去现在信不信的自由"即有过去不信教而现在信教的自由，也有过去信教而现在不信教的自由；"有参加与不参加宗教仪式的自由由"即有按宗教信仰参加宗教仪式的自由，也有不参加宗教仪式的自由。

③认识宗教信仰自由的实质　宗教信仰是公民个人的私事，任何国家机关、社会团体和个人不得强制公民信教或不信教。

④理解宗教信仰自由的必要性　宗教信仰自由政策是根据马克

思主义理论结合我国实际情况制定的，是符合人民利益的正确政策。符合宗教自身规律，有利于民族团结和国家的统一，有利于团结信教群众。

（2）正确对待和处理宗教问题

是建设有中国特色社会主义的一个重要内容，在每年的高考中"宗教问题"分值不大，但较稳定并且集中在以下四个问题上。

①宗教状况和本质是两个不同的概念，状况是指事物所处的情形，而本质是指事物的内部联系。它由事物的内在矛盾所规定，是事物比较深刻的一贯和稳定方面。状况具有表面性和易变性，本质具有深刻性和稳定性。

现阶段我国宗教状况已发生了根本性变化，具体表现在：随着剥削制度和剥削的消灭，宗教存在和发展的阶级根源已经基本消失，宗教从被剥削阶级控制和利用转变为教徒独立自主自办的事业。

我国的七大全国性宗教组织和 3000 多个地方性宗教组织已成为联系各自信教群众的爱国组织。宗教徒的政治思想状况已发生根本变化。他们是拥护社会主义制度的。从宗教状况看，现阶段我国信教群众和不信教群众在政治上、经济上的根本利益是一致的。

宗教问题上的矛盾主要是人民内部矛盾。但宗教状况发生了根本变化，并不意味着我国宗教的本质也发生了变化。宗教的本质是指宗教作为一种社会意识形态，是对人们现实生活的虚幻的反映，是一种唯心主义世界观。同时，在现实生活中，宗教是一种不可忽视的社会力量。只要宗教客观存在，其本质是不会由于其状况发生变化而变化的。两者没有本质必然的联系。

②信仰自由和不自由的关系　这两者是一个问题的两个不可缺少的方面，两者是统一的。全面理解宗教信仰自由的含义，必须明确：公民有信仰宗教的自由，也有不信仰宗教的自由；有信仰这种宗教的自由，也有信仰那种宗教的自由；在同一宗教里有信仰不同

教派的自由；有过去不信教而现在信教的自由，也有过去信教而现在不信教的自由。其中最重要的是有信教自由，也有不信教的自由。因为在我国信教公民和不信教公民在经济上、政治上的根本利益是一致的，具有共同的政治基础。信教公民与不信教公民享有同等的权利和义务。所以，我们既要尊重和保障人们信教的自由，又要尊重和保障人们不信教的自由。

③贯彻信仰政策与依法管理事务这两者的关系是一致的，公民具有信教或不信教的自由，但并不意味着可以不受任何约束。自由是相对的，宗教信仰自由也不例外。世界上没有脱离法律的绝对自由，法律是自由的体现和保障，自由和法律是统一的。所以，公民必须在宪法和法律范围内行使宗教信仰自由的权利。

依法治国是党领导人民治理国家的基本方略。对宗教事务也必须进行依法管理，政府要对有关宗教的法律、法规和政策的贯彻实施进行行政管理和监督。依法管理的目的是为了使宗教活动纳入法律、法规和政策的范围内，使公民的宗教信仰自由权利和宗教界的合法权益有效地受到法律的保障。同时，贯彻宗教信仰自由政策和依法加强对宗教事务的管理的目的是为了引导宗教与社会主义社会相适应。可见，这两者是统一的。

④宗教信仰自由与辩证唯物论的关系这两者并不冲突，而是一致的。中国共产党是无产阶级的政党，她以马列主义、毛泽东思想、邓小平理论为指导，她一贯主张用马克思主义哲学批判唯心论（包括有神论），坚持不懈地向广大群众特别是广大青年进行辩证唯物主义和历史唯物主义的科学世界观和人生观的教育，加强科学文化知识的宣传，实施科教兴国战略。但辩证唯物论要求我们看问题、办事情必须坚持一切从实际出发，实事求是。

正是基于这一辩证唯物论的认识，我党同时强调，宗教作为一种客观存在的社会现象，在社会主义条件下，宗教还将长期存在，有其自身产生、发展、灭亡的规律。党主张宗教信仰自由政策，正是尊重这一客观规律而采取的谨慎、客观、科学的选择。正如周总理所说的："按照唯物论的观点，当社会还没有发展到使宗教赖以存在的条件完全消失的时候，宗教是存在的。现在应该担心的不是宗教能不能存在，而是民族能不能繁荣。"

教学重点难点

（1）我国的宗教政策是学习有关宗教的知识，了解我国的宗教概况，都是为了更好地理解和执行我国的宗教政策，这在当前具有重大的现实意义，因此是本课的重点，也是难点之一。宗教无小事，正确理解和执行宗教政策对社会主义建设有重要意义。全面正确贯彻宗教政策，可分为以下三点：

①理解信仰自由政策的含义

主要是掌握公民有信仰宗教的自由和不信仰宗教的自由，宗教信仰问题是一个人的精神生活的一部分，属于公民个人的私事。因此，国家对公民实行宗教信仰自由政策。

国家保护正常的宗教活动，主要是明确合法活动和非法活动的界限。正常的宗教活动，是指在法律、法规和政策规定的范围内，教徒表达宗教感情，举行宗教仪式，共度宗教节日的行为和活动。超出宪法、法律和政策规定的范围的活动，就是非法活动。

宗教团体和宗教事务自主，要坚持宗教事务独立、自主、自办原则，这是维护国家主权和尊严的问题，在这个前提下开展国际间宗教团体和宗教界人士的友好往来。

②依法对宗教事务的管理

第一，要懂得现代社会的基本保证就是依法对社会生活的各个方面进行管理，这也是国家拥有的权力，因而，对宗教也不例外。

第二，要懂得依法加强对宗教事务的管理和贯彻执行宗教信仰自由政策并不矛盾。依法加强管理正是为了全面地正确地贯彻宗教信仰自由政策，保护正常的宗教活动和宗教界的合法权益。

③引导宗教与社会主义社会相适应

要弄清两点：第一，要明确引导宗教与社会主义相适应，并不是要求教徒放弃宗教信仰和有神论思想，而是要求他们在政治上热爱祖国、拥护社会主义制度、拥护共产党的领导，把爱教与爱国结合起来，做到宗教活动有利于社会主义社会的发展与进步。

第二，宗教能够做到与社会主义社会相适应。这是因为，在社会主义制度下，宗教状况发生了根本变化，广大教徒是拥护社会主义制度的，同全国人民的根本利益是一致的，在党和国家全面贯彻宗教信仰自由政策的条件下，能够做到宗教与社会主义社会相适应。要注意，不是宗教与社会主义相适应，而是引导宗教与社会主义社会相适应，这种提法是科学的、符合实际的和可以做到的。

（2）我国的宗教的本质

宗教是一种社会形态，是社会存在的反映，宗教在本质上是对客观世界虚幻的歪曲的反映。

在社会主义条件下的宗教组织及成员的政治面貌发生了根本变化，但宗教的性质没有改变。这是一个易错点，讲课过程必须提醒学生注意。

（3）宗教是个人的私事

在社会主义社会，宗教对国家而言是私人事情，也就是说，是就公民的信仰而言的。因为：

①灭亡 在社会主义社会，宗教存在的阶级根源已被消灭。宗教不再是统治阶级进行阶级统治的工具，而是变为属于公民思想信仰问题。

②分离 国家实行政教分离原则，宗教组织是与国家政权无关的，是信仰宗教的公民的联合组织，是一种社会团体。

③自由 实行宗教信仰自由政策，是把宗教信仰作为公民的民

主自由权利，宗教组织的合法宗教活动是公民宗教信仰自由的表达方式。宗教信仰不同，不影响公民享有平等的权利。

（4）共产党信仰政策

共产党员是彻底的无神论者，坚持唯物主义，而宗教在本质上是唯心主义世界观，这与共产党员的信仰是根本对立的。所以，共产党员不得信教，如果共产党员信教，就不符合共产党员的条件，这与宗教信仰自由政策不矛盾。

（5）宗教信仰与封建迷信

①联系　宗教信仰和封建迷信都是有神论，都是相信有超自然的神灵的存在，都是唯心主义世界观，都不符合科学。

②区别　从概念上看，宗教作为一种社会意识形态是客观世界在人脑中虚幻歪曲的反映，是唯心主义世界观。封建迷信活动是指神汉、巫婆、算命先生、风水先生等通过装神弄鬼、占卜算命等手段，愚弄群众、妖言惑众、骗钱害人的活动。

从组织状况看，宗教有整套的宗教经典、教文和教规，有它的信仰和哲理，有正式的组织和神职人员，有教徒和活动场所。而封建迷信活动没有教义、教规和戒律，没有正式的组织，没有固定的组织和场所。

从活动方式看，宗教有一定的宗教制度、祈祷形式，有一定的节目活动。而封建迷信活动没有制度，其活动方式荒诞无稽、粗俗低级，甚至野蛮残忍。

从活动目的看，宗教活动是为了宣扬神的威力，使信仰者信仰神，按神的意志办事，教徒参加宗教活动是为了行善积德和修身养性。而封建迷信活动是迷信职业者骗钱谋财的一种手段。

从作用上看，宗教主要起消极作用，但在一定历史条件下和一定范围内，它有一定的积极作用。而封建迷信活动则骗钱害人，破坏社会秩序，破坏社会主义物质文明和精神文明建设。

从国家政策上看，国家保护在宪法和法律范围内正常的宗教活动。而对封建迷信活动，则坚决制止和取缔。

（6）邪教和宗教

邪教不是宗教，在我国特指冒充宗教的一种邪恶势力。邪教往往冒用宗教的名义或打着宗教的旗帜，歪曲宗教经典，掺杂大量迷信内容，拼凑所谓"教义"，神化首要分子，以传教方式发展成员，常常以犯罪群众的形式出现，非法建立相对固定、十分诡秘的组织体系，诈骗钱财、盘剥群众、致人伤残或死亡、破坏家庭、制造和传播谣言。邪教从本质上来说是违反传统的教义、教程，是反社会、反政府、反人类的邪恶势力，具有极大的社会危害性。

因此，我们必须把宗教和邪教组织严格区别开来，认识邪教的本质及其危害性。

4. 学生的科学世界观教育

"以崇尚科学为荣、以愚昧无知为耻"，不仅指明了科学文化的重要地位作用，而且鲜明地指出了科学的人文品格，深刻揭示了崇尚科学与马克思主义世界观的内在联系。

马克思主义经典作家有许多论述，把科学和科学的世界观、人生观"糅"在一起，闪烁着崇尚科学的思想光芒。

马克思说："人应该在实践中证明自己思维的真理性，即自己思维的现实性和力量。"列宁说："马克思的学说给予人们一个决不同任何迷信……相妥协的完整世界观。"毛泽东说："只有科学是真学问。"这些论述无不肯定而明白地告诉我们，树立科学世界观是崇尚科学的必然要求。由此，我们可以更深刻地感悟到，胡锦涛总书记指出的崇尚科学与愚昧无知的荣耻问题，本质上是个能否树立科学世界观、方法论的问题。从深层次领会这一重要论述，注重树立科学世界观，才能抓住根本和关键。

科学是客观规律的反映，因而科学力量是其他任何力量都不可战胜的力量。科学有自然科学和社会科学两大系统，人人都需要不断增进各种科学知识，而无论从事何种职业，最重要的是要树立科学的世界观。科学世界观真正确立了，"崇尚科学"必立其中，也就必然会增强学习科学知识的积极性和责任感。

提出和强调"以崇尚科学为荣、以愚昧无知为耻"这个重要问题，对于全面落实科学发展观，保持共产党员先进性，推动中国特色社会主义事业和民族振兴，具有极大的现实针对性和深远的历史前瞻性。作为共产党员和人民军队的一员，只有把科学理念与科学世界观统一起来，学会并坚持用科学态度、科学方法来看待社会事业、自身职责和人生价值，才能处理好工作和生活中的各种问题，扎实、持久地在事业上有所作为，才能创造美好的人生，才算有做人的品位、军人的觉悟，才能体现出共产党员的先进性，才能活得有尊严、有自豪感和光荣感。

在向现代化进军的征途中，那种鄙视科学文化、以"大老粗"为荣的现象，早已成为了历史。尊重科学、尊重知识是社会发展进步的必然。然而，愚昧并非只是文盲的"专利"，它也有大小、高低、深浅、轻重之分，一切违背科学、违背唯物论和辩证法的思想观念和行为，本质上都是愚昧。任何迷信都违背科学，而用科学的眼光来审视当今世界，迷信现象和迷信观念在我们的工作和生活中并不鲜见。胡总书记把愚昧无知作为崇尚科学的对立面指出来，的确值得我们警觉和深思。

给学生一个科学的世界观方法论

一个人，不管你从事什么样的专业，不管你在哪个领域，最重要的是要有一个科学的世界观、人生观、价值观，这样在你一生的工作当中，不会迷失方向，特别是在错综复杂的情况下也能辨别出真理与谬误、正确与错误。思想政治理论课这门课程学好了，对一个人来说是终生受益的，因为它能给我们一个科学的世界观、正确的方法论，学会用社会主义核心价值体系来武装自己的头脑……

社会主义核心价值体系是社会主义意识形态的本质体现，加强社会主义核心价值体系建设，是我们党适应思想文化领域的新变化提出的一项重大战略任务。培养什么人，是教育的根本问题，思想政治理论课是对大学生进行思想政治教育的主渠道、主阵地，担负着传播、宣传、弘扬社会主义核心价值体系的重要任务。实施精英教育、培养精英人才中首先就提出"要培养先进思想文化和社会主义核心价值体系的捍卫者和引领者"，我们要培养我们的学生有一个科学的世界观，正确的方法论，用社会主义核心价值体系来武装自己的头脑。要加强领导，加强教师队伍建设，加强学科建设，改革教学模式和方法，提高教育教学质量。

加强思想政治理论课建设

百年大计，教育为本；教育大计，教师为本。要加强思想政治理论课建设，教师队伍建设是非常重要的。

一是对于教师数量偏少的问题要高度重视，逐步加以解决，不仅从数量上，更要从结构上、质量上提高；

二是要重视培训，提高教师专业理论的基础专业理论素养。在教师自身提高增强理论素养自觉性的同时，通过学术交流、参与社会实践、学校安排外出实地考察等方式相结合加大培训力度，提高教育教学水平。同时，要加强专业队伍建设，充实专职队伍。

提高思想政治理论课教育教学质量

一是在用好教材等相关资源同时，要引导学生多读点经典，提高理论修养；

二是要加强课程的建设和挖掘；

三是要深化教育教学改革，尤其是教学模式的改革。启发式、案例教学、"大班授课、小班研讨"都是很好的教学方式，同时可以考虑辅导员参与讨论，将假期社会实践与课程内容相结合；

四是要改革考核模式。除了考核知识掌握程度外，还应注重考查知识的运用情况，还可以参考小论文、口试、平时记录等形式改变单一的试卷形式。同时，授课教师要多与学生对话，为学生领航，在传授理论知识同时培养学生的政治情感、合理的政治行为，进一步提升理论。

学科建设

教师能够教学科研两手抓，积极参与到国家相关研究中，如"马克思主义工程"、"高校哲学社会科学繁荣计划"等，做出贡献。同时，将学科建设成果转化为教育资源，在为国家哲学社会科学研究做出贡献的同时，积极提高教学质量。

除了校思想政治理论课建设领导小组、学校常委会要定期研究课程教学建设外，相关部门也要进一步增强建设好这门课的使命感和责任感，要高度重视、热心支持、帮助解决这门课程建设过程当中存在的困难和问题。部门之间要加强协调与沟通，大家齐心协力建设好此门课程。

要下大力气解决如何让思想政治理论课真正成为大学生真心喜爱、终身受益的课。

一是，思想政治教育的具体目标是要培养具有坚定的理想和信念的中国特色社会主义合格建设者和可靠接班人，要有一个科学的、

17

合理的培养目标设定，进而设计整个的培养体系，制定措施和办法。但最基础的是所有的大学生、研究生都要接受教育。这是大学的一个本质要求。

二是，要构建一个一体化的思想教育的体系，包括教学、教育体系的一体化和队伍的一体化两个方面。重点在于队伍建设和推进教学改革，要使学生真心喜爱这门课程，增强他们学习的积极性和主动性。思政课教师除了专业领域研究外，还要投入一定的精力在教学改革的研究上，并做到"大班授课、小班讨论"、案例教学，形势政策两手抓。

5. 青少年的科学世界观教育

学生是祖国的花朵，是民族的未来，对学生的世界观教育极为重要。

中学阶段是学生成长的重要阶段，是科学世界观形成的重要时期。学校要非常重视这个阶段的教育，严格按教育规律办事，有计划地实施科学世界观形成工程，既要考虑学生年龄特点，又要考虑学生心理特点；既要有方向性，又要有科学性；既要有实效性，又要有可行性。

学校德育教育非常重视辩证唯物主义教育，学生中相信无神论占有主流，有少数学生还应加强教育，这些学生在成长过程中，也受到了学校的无神论教育，但他们能从学校以外接受到各种信息，又不能判断正确与错误，也就导致跟着学，跟着做。如在天安门自焚的人中有个小学生刘思颖，小小年纪传什么"法"。自焚6个人中有2个是学生,沉痛的教训给教育工作者敲响了警钟,要使邪教远离校园,必须使青少年树立正确的、科学的世界观。

科学是人类文明进步的阶梯,是社会经济发展的决定力量。正因为科学是对付一切迷信、伪科学的锐利武器,科学与迷信如冰炭之不容,有神论和一切迷信都要百般诋毁现代科学,与此同时,它又尽可能多地用现代科学名词术语来包装自己,制造伪科学,影响了人们学科学、用科学的热情,干扰了科教兴国的战略方针,破坏了社会主义现代化建设。主张"有神论"还是主张"无神论"历来是两种世界观和人生观的集中体现。马克思主义认为,人是社会的人,人不能没有远大理想和追求,人类历史就是一部为实现人类理想而不断奋斗的历史。

严酷的现实告诉我们,有神论和无神论还会长期斗争下去,斗争的焦点是争夺青少年,斗争非常激烈。我们的青少年就生活在现实社会中,要使他们健康成长,要有针对性地实施教育。首先还是学好科学知识,提高分析问题和解决问题的能力,对所遇到的问题才能正确判断和正确把握。第二,教育学生掌握辩证唯物主义思想武器,不盲从,不从众,干一件事情问问自己为什么干。第三,要在学生中大力开展科技活动,经常搞科技讲座,以预防为主。

情景教学

思想品德课的重要工作之一就是帮助学生树立正确的世界观和人生观、价值观。我们每堂课都拿出5分钟的时间,利用多媒体教学手段,或讲一个故事,或讲一个案例,或设置一个情景,让学生进行分析并讨论,他们通过同学间的交流,能够得出正确的结论。

在经过一段时间后,我们让同学们自己动手收集并整理一些古今中外的故事或案例,老师进行指导后,在课堂进行分析辩论,教育效果良好。

例如:他们在做一个题为"网络迷信和传统迷信的区别"时,

得出的结论是：中学生对传统迷信大都具有正确的认识，88%的中学生根本不信"巫医跳大神能治好病"。但同样是算命，到互联网上便摇身一变为"科学预测"，在中学生眼里大大提高了可信度。

调查中"有点相信"、"很相信"网上算命的中学生，分别达有41%和5%。此外，还有11%的中学生表示遇见某些难以决定的事，会以网上算命为决定依据。

根据调查结果，同学们作了这样的分析，为什么网络上充斥"星座""八卦""起名"等这样的迷信活动，是因为网络算命背后蕴藏着巨大的商业利益。据不完全统计，目前我国打着各种名义注册的算命公司有好几百个，京城比较出名的就有"宏名轩"、"正名庐"等，不少算命公司的注册资金有几十万元，而且据说他们的利润非常丰厚。按"宏名轩"在网上的标价，取一个名少则一百元，多则一千多元，给企业做常年的风水顾问一年要20多万元，到住宅看一次风水要一千到三千元。可见，网络算命真正的本质还是利益的驱使。

世界上有亿万人上网，相同的人很多，社会环境千差万别，教育水平参差不齐，同样星座的人怎么可能拥有同样的命运呢？

案例教育

对学生的思想有很好的教育意义，他介绍了封建迷信的定义，封建迷信是旧社会遗留下来的一种陋习，一般是由神汉、神婆等迷信职业者主持的算命、看风水、求签卜卦等活动组成。封建迷信活动没有正式组织、形式、仪规、戒律，没有像宗教那样具有群众性、民族性、世界性的特点，一般是迷信职业者随意活动，随聚随散。

案例一，近年来，无论是在城市的一些边角旮旯，还是在农村山区，我们都不难看到：大仙巫婆生意何其红火，求神卜卦者又是多么的虔诚。更有甚者，有人把牙缝里省下来的钱用于集资修建庙宇神坛，一些学生无心学习而沉迷于网上算命……

案例二，湖南怀化地区造价 *1* 万元以上寺庙达 *800* 多处，有的地方强行向农户摊派，加重了群众的负担，造成很大的资源浪费。有的封建宗教头目和反动帮派组织利用各种手段征敛钱财、修建宗祠、传经布道、拉山头、搞宗派，成为危害一方的不安定因素。

更严重的是对青少年成长造成了不良影响。有的人认为考试成绩不理想是自己的"运气"不好；有的人生了病却认为是"鬼神"作怪；上课时听老师讲破除迷信，放学后却去寺庙顶礼膜拜；有些父母甚至带孩子烧香拜佛，向他们灌输封建迷信思想。

故事一，有两个人去算命，算命先生对 A 说："你这几天将会有好运气。"对 B 说："你这几天不要出门，否则会有霉运。"在 A 开车回家的路上，遇到了一场很严重的车祸，他抱怨算命算得不准，而当听说自己差一点就抢救不过来的时候，高兴极了，心想：幸亏我运气好把命保住了，算命说得果然应验。B 回家的路上每一个路口都遇红灯，他郁闷极了：还真是够倒霉的，看来这几天不适合出门。

提出问题：在科技飞速发展，我们的"神六"都已邀游太空的今天，为什么还会有那么多的人执迷不悟，不但迷信于"神灵"保佑、求神拜佛这一套封建迷信活动，甚至把身家性命都押在了"大仙"身上？

首先是由于人们的收入两极分化迅猛，市场竞争激烈，穷富升降变化频繁，导致个人占有财富差距悬殊。在这样一种情形面前，一些人开始心气浮躁，失去心理平衡，感到难以掌握和控制自己的命运，于是就把个人的运势寄托于神灵。这时，所谓"大仙"就特别管用。

其次、这种现象还表明，一方面我国几千年来形成的封建思想是根深蒂固的，封建残余还在侵蚀和吞噬着一些人的灵魂；另一方面，科学思想、科学文化及科学知识远远没有在全社会得到普及，人们的思想观念和文化素质还没有能够跟上和适应飞速发展的时代。提高整体科学素养，任重道远，需要全社会做大量的艰苦而又耐心的工作。决不可低估封建迷信的负面影响，尤其是在我们努力创造现代文明的今天，迷信不破除，人们的身心难以健康发展，旧的传统观念不废弃，人们难以真正达到和谐。

我们要宣传普及科学文化知识，倡导科学文明之风，用科学战胜迷信、愚昧和贫穷，树立科学世界观，分清什么是传统文化，什么是封建迷信。真正认识到"神灵大仙"靠不住，美好的前途命运永远掌握在自己手里。

通过情景教学活动使同学们在思想上有很大的提高，有很多同学在结果调查表中可以看出，看清了网络迷信的本质，对于自己未来的前途及命运有了初步的唯物主义观点，对世界有了可观的认识和评价，也对自己好玩的心理进行了反思。我们认为，在当今社会，要密切关注封建迷信活动以各种形式出现在我们的社会生活中，时刻警惕它们对祖国的未来的建设者的思想腐蚀和占领，让科学的思想武装人们的头脑，为国家的发展和腾飞打下良好的思想基础。

树立科学世界观

（1）统一思想

充分认清在青少年中树立社会主义荣辱观的重大意义。

树立社会主义荣辱观是全面落实科学发展观的需要。科学发展观的实质是以人为本，促进人的全面发展。坚持以人为本，不但要满足人们生产生活的各种物质需求，还要以高尚的精神塑造人，也就是培养人的良好的道德情操。作为推动科学发展观不断深入实践主体的人，应该是具有高尚精神境界和道德情操的人，应该是具有正确价值取向和行为准则的人。

青少年是祖国的未来，是进一步贯彻落实科学发展观的接班人，因而尤其需要在他们中间进行社会主义荣辱观的教育。只有使他们本身得到全面发展，只有他们具备了良好的科技文化素质和较高的思想道德觉悟，才能真正把科学发展观落到实处。

树立社会主义荣辱观是当前思想道德建设的需要。我们党历来十分重视思想道德建设。热爱祖国、服务人民、科学文明、团结友爱、诚信守法，是当代社会精神风貌的主流。但我们也应清醒的看到，由于拜金主义、享乐主义和极端个人主义的影响，一些人内心深处的荣辱感逐渐模糊甚至于荡然无存了，爱憎不明、善恶不辨、是非不分。有些人做了羞耻的事情也无所谓，没有内疚感；有些人见利忘义，以次充好，不讲诚信，甚至损公肥私；有些人弄虚作假，欺上瞒下，甚至腐化堕落，违法乱纪。

对青少年而言，这种负面现象的长期存在可能会使他们效仿这些不良行为。从这个意义上讲，影响和制约青少年发展的因素，不仅有思想障碍、教育体制障碍，而且还有社会道德上的障碍。学习和践行社会主义荣辱观，对于清除青少年成长过程中的道德障碍具有很强的理论指导性和现实针对性。

树立社会主义荣辱观是青少年自身成才的需要。青少年是民族的希望，是祖国的未来，是未来社会主义事业的接班人。他们的健康成长不仅关系着他们自身在未来社会中所扮演的角色，而且关系着社会主义事业能否在他们手中进一步得到发展和壮大。良好的道德素质是一个人成长进步的源泉。如果一个人没有坚定的理想信念，没有热爱祖国的强烈感情，没有为人民服务的热情，没有诚实守信的良好品格，没有艰苦奋斗的坚强意志，很难想象他在未来激烈竞争的全球化时代能脱颖而出，能为自己的国家和人民做出什么伟大的贡献。

只有树立了爱国主义的坚强信念，才能为中华民族的伟大复兴做出自己应有的贡献。所以，从现阶段起就必须加紧在青少年中牢固树立社会主义荣辱观，从现在做起，为青少年的全面健康成长做好充分的准备。

（2）抓住本质

深刻理解社会主义荣辱观的科学内涵。社会主义荣辱观是马克思主义世界观、人生观和价值观的具体体现。而支撑人的荣辱观的世界观、人生观和价值观，则是人民赖以生存、发展和完善自身的精神支柱。

在社会转型时期，人们在道德取向和价值观念上呈现出多样性的特征。这一特征表现在荣辱观上，既有占主导地位的社会主义观念，又有西方资本主义观念的影响和渗透，还有旧社会遗留下来的封建主义思想残余。它们互相交织，在不同程度上影响着社会成员的思想观念和行为选择。要建设中国特色社会主义，必须引导人们抵制封建主义、资本主义思想的侵蚀，牢固树立马克思主义的世界观、人生观和价值观。

践行社会主义荣辱观，是广大干部群众特别是青少年树立正确的世界观、人生观和价值观的有效途径和重要方面。社会主义荣辱观是民族精神和时代精神的高度概括。民族精神是我们民族赖以生存和发展的精神支撑，具有促进民族发展的强大功能。时代精神是当代中国人民精神风貌的集中体现，具有激发社会创造活力、推动社会进步的重要作用。

践行社会主义荣辱观，有利于引导人们弘扬以爱国主义为核心的民族精神和以改革创新为核心的时代精神，激发创造活力，鼓舞广大青少年刻苦学习、艰苦创业，为建设创新型国家、为实现中华民族的伟大复兴而奋斗。

社会主义荣辱观是一把衡量社会价值导向的标尺。社会风气既是社会文明程度的重要标志，也是社会导向的集中体现。胡锦涛同志提出的"八荣八耻"是一把衡量社会价值导向的标尺，明确地告诉我们提倡什么、反对什么，坚持什么、抵制什么。

树立良好社会风气，关键在于知荣知耻，分清是非、善恶、美丑的界限，在于旗帜鲜明地坚持爱国主义、集体主义、社会主义思想，大张旗鼓地批判腐朽、没落、颓废的社会现象，倡导社会主义基本道德规范，以社会主义荣辱观来规范和约束每个人的言行。

青少年正处于身心成长发育阶段，对很多界限还没有清醒的认识和固定的模式，树立社会主义荣辱观有助于他们明辨是非，扬善惩恶，有助于他们用先进的道德标准来自觉规范自己的言行。

（3）身体力行

持之以恒地树立和践行社会主义荣辱观。树立和践行社会主义荣辱观要突出重点人群，尤其是青少年。

青少年正处于身心成长时期，处在世界观、人生观和价值观形成的重要时期。他们形成什么样的人生理想、什么样的道德习惯、什么样的行为方式，不但决定着他们的一生，而且决定着国家、民族的未来。所以，各种宣传教育机构一定要突出青少年这个重点，根据青少年生理和心理发展的特点，以及他们乐于接受新事物、对事物认识快、荣誉感强、爱憎分明等特点，积极引导、鼓励，讲清是非美丑，树立明确标准，开展评比竞赛，切实把树立社会主义荣辱观教育工作抓出成效。要将社会主义荣辱观变为广大青少年的自觉行为，贵在坚持。

思想道德建设有其自身的特点和规律。良好道德风尚的形成不是一蹴而就的，而是一个逐步积累的过程。我们要立足当前，着眼长远，锲而不舍，常抓不懈。要把关注点放在与青少年日常生活密切相关的道德行为上，鼓励他们从自己做起，从现在做起，从身边的小事做起，自觉遵守社会主义荣辱观的基本要求。要把道德实践渗透到学习、工作、日常生活、人际交往中，让他们在为集体争荣誉、为他人送温暖、为社会做奉献的过程中，接受高尚道德的洗礼，提高道德自律的自觉性。良好的道德风尚一旦形成，就能让每个社会成员都享受到道德建设的成果。要高度重视形成、树立和践行社会主义荣辱观的有效机制。

树立和践行社会主义荣辱观是全社会的一件大事，是各级组织的重要职责，也是全体公民的共同任务。要通过广大青少年喜闻乐见的形式，认真安排、部署，迅速在青少年中间掀起一个学习、宣传、实践社会主义荣辱观的活动热潮。

一是要抓好学习，统一认识，要让社会主义荣辱观的学习走进课堂，走进学校，走进广大青少年的日常生活中，在潜移默化中统一大家的认识，划清是非善恶的界限。

二是要抓好宣传教育，利用报纸、电台、网络等新闻媒体大张旗鼓地系统阐释社会主义荣辱观的科学内涵，深入报道学习教育活动的新典型、新发展、新成效和新经验，做到"比有典型，学有榜样，赶有目标"，在青少年中营造良好的舆论氛围。

三是要组织好道德实践活动，教育部门不但要把树立社会主义荣辱观作为各级各类学校德育课的重要内容，而且要贯穿于学校管理、社会实践、课外活动等各个环节中。各类社会团体要充分发挥自身优势，组织青少年开展各种生动活泼、形式多样的主题教育和主题实践活动，让青少年在丰富多彩的社会活动中加深对社会主义荣辱观深刻内涵的认识和理解，从而养成良好的行为和道德规范。

四是要形成有利于践行社会主义荣辱观的政策导向机制，要在青少年的学习工作和生活中，在升学、毕业、评优评奖等各项活动中，在制定和执行各项政策中，充分体现社会主义荣辱观的要求，特别要防止具体政策与荣辱观的价值取向相背离的现象发生。要发挥规章制度对青少年道德行为的激励约束作用，在各种规章制度、行为管理制度中体现社会主义道德原则，使"八荣八耻"的基本要求更好的渗透到青少年的学习、工作和生活之中。

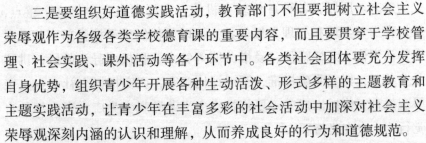

6. 当代大学生的科学世界观教育

　　学生世界观的形成是一种由家庭教育、学校教育和社会教育的合力形成的结果，在家庭中成人的言行教育、在学校里教育工作者的率先垂范和社会上各种各样的管理者、执法者，都在对单纯的、求知心很强的学生实施着教育。但是最值得我们关注的是我们的课堂教学，对我们的学生是最贴切的教育，它时时刻刻都在手把手的引导学生的认识事物、认知世界、学会思索、学会验证、学会表达的能力，时时刻刻都在铸造着学生的思维方法和认识方法。

　　实际上在构建着学生的科学世界观，当他们忘掉学习的知识时，在学生阶段奠基的世界观会永远烙在他们身上的，当然还有在学习时教师铸造给他们身上的情感、心理等人格素质。

　　不要以为我们的数理化和其他学科都是应付考试的，其实它们对我们人类最大的意义在于：科学地透过现象和事物的发展转变过程揭露事物的科学规律，使人们科学地认识自然和社会现象，使人们在形成科学的思维以后，进一步学习和认知新的事物和科学规律。

　　我们的数学学科教会我们从事物的数量上、形状上认知事物；物理学科教会我们从现象上认知力、声、电、磁、热，从中使我们学生善于透过现象，认知本质；化学学科也是教会我们认识事物的本质结构，使我们的学生知道事物的结构决定事物的性质；外语使我们扩展知识面，使我们直接认识世界上各国的科学知识，使我们能够交流和认知；语文知识为我们提供了认知的手段和表达交流的方法；还有我们的政治学、历史学、地理学、生物学、心理学、逻辑学、音乐、体育和美术等等，都是我们认识事物的"放大镜"和"显微镜"，当你借助这些知识认知事物时，你会站在不同的视觉角度看事物、看问题，你会毫不疑惑的对事物形成全面、立体、透彻的认识。为一个人建构科学的世界观奠定了扎扎实实的基础，或者说他的科学世界观已经初具雏形，一旦与他的社会实践相结合，得到融会贯通的发展，必将形成根深蒂固的辩证唯物主义世界观。

事实上，真正的马克思列宁主义者、真正的共产主义者的指导思想都是建立在全人类丰富的自然科学和社会科学的基础上的。翻一翻那些腐败的、贪污的、堕落人的历史，在他们的青少年时期的学习，基本上是不完善的。在青少年时代，的确缺少最基本的历史知识、文学知识、数理化及美学等知识的基本学习和熏陶，要他们自觉形成科学的发展观是不可能的。

大学生处于世界观、人生观、价值观形成的关键时期，"三观"教育对他们走什么路、做什么样的人有着不可低估的影响。新形势下，用马克思主义教育大学生，是思想政治教育的根本任务。因为马克思主义是大学生提高思想觉悟的指南，是大学生提高认识能力的锐利武器。通过教育使大学生树立科学的世界观。

当代大学生是祖国的未来和希望，是新世纪社会主义建设者和接班人，是21世纪的主人。他们的思想素质如何，他们的理想信念如何，直接关系着21世纪中国的发展和前途。对他们进行世界观、人生观和价值观教育，使他们树立科学的理想和信念，是当前思想政治教育的重要内容之一。

坚持进行"三观"教育

大学生正处于世界观、人生观、价值观形成的关键时期，帮助他们确立崇高的理想信念，对他们一生走什么路、做什么样的人都有着不可低估的影响。我们一定要看到在新旧经济体制转换、各项改革深入推进时期，思想政治领域的复杂矛盾和斗争会更多，更直接反映到高校中来，影响着学生的思想观念、价值取向和行为方式。一些消极的错误的政治观点、价值观念和思想以及腐朽的思想文化，难免会通过各种渠道对大学生的思想产生冲击和影响。市场经济环境下，进而诱发或强化"金钱至上"、"个体本位"的价值观和思想意识，我国开放程度的扩大、互联网技术的快速发展、西方敌对势力对我国"西化"图谋的加强，极易造成部分大学生价值目标的偏离。同时我们也应看到，当代大学生自身的状况发生了显著变化。

一方面，大学生的思想主流是积极的、健康向上的，他们认同"三个代表"重要思想，关心国家大事，有强烈的民族责任感，维护学校发展大局，更加重视专业知识学习和专业技术的提高，眼界更加宽阔，思想更加活跃，认识和思考问题的方法更加趋于理性。

另一方面，一些大学生的思想道德约束感和现实责任感低下，不能很好地利用马克思主义理论观察分析纷繁复杂的社会现象，且缺乏为国家、为民族发展的贡献的远大目标和应有的社会责任。有的大学生追求名利，表现出实用化、功利化的倾向；少数大学生心理承受能力较弱，遇上工作不顺、上岗挫折、爱情失意，便产生沮丧、自卑、孤独、焦虑等消极情绪，缺乏应有的心理疏导和调适能力。

面对这些新情况，如若放松对大学生的思想政治教育工作，不注重用马克思主义理论去武装他们的头脑，非马克思主义、甚至反马克思主义的东西必然会乘虚而入。大学生如果缺乏科学，缺乏远大的人生理想和坚定的社会主义信念，就看不清社会的前途，认不准前进的方向，走不好人生的道路，担不起社会的责任。

我们民办高校的思想政治工作者应以高度的政治责任感和强烈的使命感，充分认识对当代大学生进行理想信念教育的重大而深远的意义，加倍努力做大学生的思想政治工作。

加强对大学生进行马克思主义理想信念教育，就是要使他们认识到马克思主义是迄今为止关于人类历史发展规律最科学、最严谨、最有生命力的思想理论体系。马克思主义是将科学的世界观和方法论、彻底的唯物主义、无产阶级党性原则与全心全意为人民服务的精神融为一体的崇高信仰。有真理、有正义、有科学、有人格，符合客观规律和人类良知。

加强对民办高校大学生理想信念教育，就是要他们认识到，马克思主义理论不仅是科学的理论体系，更是推动人类解放和前进的强大物质力量和精神力量。

中国共产党人正是把马克思主义普遍原理与中国革命、建设实际相结合，产生了两大理论成果即毛泽东思想和邓小平理论，领导中国人民取得了国家和民族的解放，建立了崭新的社会主义制度。通过改革开放和建立社会主义市场经济体制，使中国人民富裕幸福、中华民族走上了振兴之路。尽管前苏联、东欧社会主义国家解体了，但社会主义制度在其半个多世纪的历史中极大地改变了人类的历史进程。社会主义制度遭遇的坎坷和挫折，那不是社会主义制度本身的问题，这里有一个如何看待社会主义的失误和挫折的问题。

加大对民办高校大学生进行马克思主义理想信念教育，就是要使他们认识到，当今的全球化经济时代是马克思主义创始人马克思和恩格斯早就预见到了的。世界一体化和全球化是马克思、恩格斯早就提出的一个重要思想，是唯物史观分析资本主义、揭示资本主义发展趋势的一个重要范畴，它不仅同资本主义相联系，也同资本主义向共产主义的发展相联系。

随着社会生产力的高度发展，生产力不仅越来越社会化，而且越来越全球化，也就是马克思说的"历史完全转变为世界历史"的时代。所以全球化是从资本主义生产力的发展开始的，必然经过生产力的高度发展，否定资本主义并为共产主义创造条件。这是人类历史前进的必然的正确的方向。

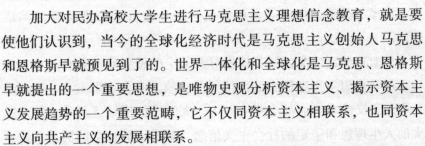

科学理论武装大学生思想

恩格斯说过："一个民族想要站在科学的最高峰，就一刻也不能没有理论思维。"列宁也说过："没有革命的理论，就不会有革命的行动。"中国革命和建设之所以能取得举世公认的成就，就是毛泽东同志把马克思列宁主义理论同中国的具体实际相结合的结果。可见，科学的理论的力量是强大的。作为社会主义事业的建设者和接班人的青年大学生，能否掌握这些科学理论，并在社会主义事业中自觉地实践这些理论，直接关系到社会主义事业的生死成败。

伟大的实践需要伟大的理论指导。马克思主义、毛泽东思想、邓小平理论及"三个代表"重要思想是被实践证明了的科学理论，是我们立党立国之本。邓小平同志认为，进行思想政治教育，最根本的是进行马克思主义、毛泽东思想的理论教育。深入学习马列主义、毛泽东思想、邓小平理论和"三个代表"重要思想，是共产党人推动社会主义社会全面发展的内在要求，也是科学地认识世界、分析问题，坚持正确的行为取向的内在要求。因此，邓小平同志多次强调要加强马克思主义理论教育，他呼吁全党同志要善于学习，最基本的就是学习马列主义、毛泽东思想。

在新的历史时期，江泽民同志强调大学生要学习和掌握马克思主义、毛泽东思想，特别要自觉地用邓小平理论武装头脑。他明确指出，必须用马克思主义占领高校的思想阵地。防止和反对指导思想多元化，要把邓小平建设中国特色社会主义理论作为学校政治课的主要内容，要把"邓小平理论概论"作为大学生学习邓小平理论的必修课，要"进教材、进课堂、进头脑"，要开创建设有中国特色社会主义事业新局面，高举毛泽东思想、邓小平理论伟大旗帜，全面贯彻"三个代表"重要思想。江泽民同志还强调，高校理论教育必须大力弘扬理论联系实际的学风，坚持马克思主义的科学精神和基本理论，坚持解放思想，实事求是，努力对当前急需进行理论引导或说明的突出问题，作出科学的、有说服力的、符合实际的解释和说明。

新形势下，用马克思主义教育大学生是思想政治教育的根本任务，这是因为：

首先，马克思主义是大学生提高思想政治觉悟的指南。大学生的社会主义和共产主义的思想意识，不能自发的产生，必须依靠大学生的思想政治教育来实现。之所以说马克思主义的教育能够使大学生产生社会主义和共产主义的思想意识，是因为这个理论正确地反映了人类社会发展的客观规律，是无产阶级的科学世界观、是人类智慧和正确思想的结晶。有了马克思主义这个完整的世界观作指导，大学生就对整个世界和人生有了一个科学的认识，就能树立崇高的理想和坚定的信念，就会有高尚的情操，就会有坚强的毅力和学习积极性。

其次，马克思主义是大学生提高认识能力的锐利武器。马克思主义不仅为大学生提供了改造思想意识，提高政治素质的科学世界观，而且为大学生提供了改造思维方法，提高认识能力的科学认识论。毛泽东同志指出："我们的眼力不够，应借助于望远镜和显微镜。马克思主义就是政治上、军事上的望远镜和显微镜。"辩证唯物主义的认识论是提高我们思维能力和认识能力的最有效的理论武器。

因此，要使我校广大学生掌握马克思主义理论，才能正确认识客观事物的本质和客观规律，才能真正把我们的大学生培养成为社会主义和共产主义的接班人。

坚持科学发展观教育

党的十六届三中全会提出了"坚持以人为本，树立全面、协调可持续的发展观，促进经济、社会和人的全面发展"的重要思想。会后，胡锦涛总书记和温家宝总理又多次就科学发展观作了重要讲话。科学发展观体现了鲜明的时代精神，反映了新的发展要求，它是当今发展理论的精华，是中国共产党指导今后现代化建设的新理念。科学发展观是对以往发展理论的超越，是与时俱进的马克思主义新发展观。因此，要加强对大学生进行科学发展观教育。当前，对大学生进行科学发展观教育，着重让他们理解以下两方面内容：

（1）建设小康宏伟目标

发展的内容和形式在不同时期有着不同的变化，强调"发展是硬道理"，经过20年的奋斗，总体上实现了小康，也意味着不惜代价解决温饱问题的发展观必须进行相应的转变。而今后的20年，是实现全面建设小康社会的宏伟目标的20年，就必须用新的科学发展观来指导各项建设实践与具体工作。胡锦涛总书记强调，确立科学发展观，对于提高领导经济工作的水平和驾驭全面的能力，实现全面建设小康社会的宏伟目标至关重要。温家宝总理指出，牢固树立和全面落实科学发展观，具有重大而深远的意义。根据十六届三中全会精神，我们西京学院也及时把跳跃式发展战略调整为坚持科学发展观，突出办学特色，走内涵式发展道路，锻造一流民办高校的发展战略。这对学校的发展有着深远的重大意义。

（2）正确解决国内矛盾

发展观的提出是具有很强的现实针对性，对我国现时存在的城乡、工农差距扩大，农业基础薄弱，农村发展滞后，农民收入增长缓慢，沿海地区发展快，西部地区发展慢，东西差距拉大，社会事业发展滞后，政府工作人员存在着主观主义、形式主义、官僚主义和弄虚作假、以权谋私、贪污腐败等问题。对此，党中央高瞻远瞩，提出了"五个统一"和"五个坚持"等全面、协调、可持续发展的科学发展观。这就是我们党在新时期、新阶段的新的发展观。对中央以人为本的科学发展观，全党、全国、各族人民无不拍手叫好，真正体现了民意和人心。

我们当代的大学生肩负着社会主义建设的重任，如果我们不坚持科学发展观，而是任其发展，必然导致人口剧增、环境破坏、生态危机、人文失落、价值失衡、社会腐败蔓延，最终导致社会全面失衡，必须引起我们深刻反思和高度重视。因此，当代大学生必须充分认识科学发展观的重大而深远的意义，自觉地坚持科学发展观，以实际行动创造文明和谐的校园环境，带头保持学校稳定，促使学校各项工作全面、协调、科学的持续发展。

树立正确科学世界观

世界观通常是指人们对整个世界的根本看法。世界观不同，表现为人们在认识和改造世界时的立场、观点和方法的不同。世界观的基本问题是精神与物质、思维与存在、主观与客观的关系问题。辩证唯物主义和历史唯物主义是无产阶级及其政党的世界观。我们党把这一科学的世界观同中国的具体实践的结合，形成了有中国特色的"实事求是"的思想路线，即"一切从实际出发，理论联系实际，实事求是，在实践中检验真理和发展真理"。这是科学、正确的世界观最具体、最生动、最集中的表现。怎样才能树立正确的世界观，有以下途径和方法：

首先要学习马克思主义哲学、政治经济学、科学社会主义，学会用辩证唯物主义和历史唯物主义的观点和方法去分析问题、解决矛盾。还要学习经济、政治、法律、科技、历史、文学等方面的知识。学习主要靠自学，当然，必要地灌输也是不可少的。

其次要进行思想改造，认真学习外，最重要的是要经常进行自我改造，这是个长期而艰苦的过程，而这个改造最主要的在"内因"。要想认真地自我改造，就要以马克思主义世界观为标准，不断检视自己的思想和行为，进行必要地批评和自我批评，克服任性和偏私。还要敢于向一切错误的思想观念、腐朽的生活方式宣战，要勇于接受组织和群众地监督。只有这样，才能达到改造的目的。像周恩来同志那样"活到老、学到老、改造到老"。

再次要区分观念正确与否，把握好自己的言行。如享乐主义，这种人生观认为"人生在世，吃喝二字"，因此贪图安逸，追求吃喝玩乐。在它的影响下，一些人讲"不要活得太累"，"过把瘾就死"等。面对灯红酒绿的美食城、歌舞厅、夜总会，有的领导干部经常泡在里面，还美其名曰"工作应酬"。对诸如此类的观念和说法，必须要有一个正确的区分，对错误的东西必须要坚决抵制，否则，你原来正确的世界观、人生观、价值观，也慢慢会被这些所谓的"新观念"所替代。

当代大学生必须牢固树立马克思主义的科学观、人生观、价值观，而树立和坚持正确的世界观、人生观、价值观是一个长期的艰苦的过程，必须要有坚韧不拔的毅力，甚至要牺牲一些个人的利益。只有这样，才能像毛泽东同志所说的，成为一个高尚的人，一个纯粹的人，一个有道德的人，一个脱离了低级趣味的人，一个有益于人民的人。

7. 语文教学中渗透科学的世界观教育

围绕语文学科教学中如何培养中学生科学的世界观的问题，本文从语文教师工作的角度，介绍分析，主要包括的内容是课堂阅读教学中，以名家名篇为载体，进行"科学世界观"的渗透。

问题地提出

(1) 教学实践遇到的问题令人深思

刚刚进入初一的学生，接触到了朱自清先生的《春》，在引导学生体会散文诗一般优美语言的同时，散文的内容也需要学生透彻把握。文中有这样一句话："山朗润起来了，水涨起来了，太阳的脸红起来了。"在分析这个句子的时候，许多学生就开始漫无边际地说起来，尤其是谈到"水涨起来"时，一个男生胸有成竹地站起来说："因为冰比水的密度大，所以当春天冰融化后，水面就上升了。"听着有点意思，但仔细一想，冰怎么可能比水的密度大呢？看似学生犯的是自然科学的错误，但实际上，学生是在对一个概念不十分确定的前提下，凭着个人的主观臆断，而得出了这样一个随意的结论。其实在语文教学中，这种现象屡见不鲜，作为教育工作者，努力帮助学生形成科学地认识世界的思想是十分重要的。

（2）基础教育界科学素质的调查令人担忧

根据北京市朝阳区青少年活动中心周放老师《在青少年中弘扬科学精神迫在眉睫》一文调查分析，1999 年北京市被调查的 1520 位中小学教师中，有一半左右对科学精神地理解是不正确的。由上述数字可以看出，基础教育界科学素质的现状是堪忧的。因此，教育急需一支具有高水平科学素养的教师队伍，尽快改变"以其昏昏，使人昭昭"的局面。

（3）现代传媒报道中文化水平堪忧

在网络信息快速发展的今天，学生获取信息的途径越来越多，这应该是一件好事，但是错误的信息引导无疑是对学校教育的一种大的挑战。如 2005 年 12 月 4 日《北京晚报》在"天气预报"的版面上印着一张彩色图片：一个少女走在垂柳树下，枝条随风飘舞，少女裹紧衣服快速行进。在这张照片的上方赫然印着几个大字"吹面觉寒杨柳风"。其实"杨柳风"这个概念出自南宋志南和尚的《绝句》中的"古木阴中系短篷，杖藜扶我过桥东。沾衣欲湿杏花雨，吹面不寒杨柳风"。很明显，"杨柳风"指春风，但报纸实际是用"杨柳风"来形容 12 月的寒风。现在某些文字工作者对文字信息不负责任的态度，令人忧虑。还有网络小说在学生中传播极广，所以作为教育工作者必须教学生学会科学获取现代信息，并用科学的态度对待这些问题。

（4）可持续发展理念在现代生活中地渗透

可持续发展的基本思想前提是发展，没有发展就不可能有可持续的发展。

我们中华民族有着五千年悠久的历史，正是在这历史的长河中，我们的祖先给我们留下了源远流长、博大精深的中华文化，面对世界范围各种文化思想的相互激荡，必须把弘扬和培育民族精神作为文化建设极为重要的任务，纳入国民教育全过程，纳入精神文明建设全过程，使全体人民始终保持昂扬向上的精神状态，这正是可持续发展观在语文教育领域的宏观体现。

"让学生在语文学习中获得持续发展"的研究就是在"可持续发展"的科学发展观的指导下，充分地发挥语文学科工具性的特色，通过深入探究，将人的全面和谐发展达成可持续发展的终极价值目标。联合国"国际实施计划"项目明确了可持续发展教育的中心思想是教育对可持续发展的促进关系，其本质涵义是：在推动可持续发展进程中，教育承担起为可持续发展服务的时代使命，教育发挥促进社会、环境与经济可持续发展的重要作用。其中，可持续发展价值观的核心是尊重，其内容主要包含：

①尊重当代人和后代人；

②尊重差异性和多样性；

③尊重环境；

④尊重地球资源（联合国，2005）。

这些内容的实现需要有一个切实的落脚点，而近期的一些研究往往忽略了这些实际的认识，导致可持续发展教育理念方面与国际公认的尺度有较大距离，使得学生知其然，却不知其所以然。尤其是在教育的过程中，起主导作用的教师还存在着可持续发展教育知

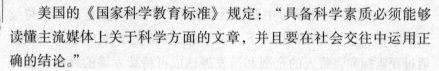

识储备不足和可持续发展教育的能力存在欠缺的问题。因此作为一名基层的教育工作者，如何将落脚点放低，更切合学生的实际是解决问题的关键。

语文本身就是一门工具性学科，在文字中包含了丰富的内容，这些内容都能够通过深入地挖掘与可持续发展的观点有机契合起来。因此，如何最大限度地挖掘教材，使学生在学习的同时培养可持续发展的意识，是语文教学与可持续发展结合的一个阵地。

根据调查，大部分初中生对祖国与民族的优秀传统文化知之甚少，而在弘扬传统美德方面也不尽如人意，对一些基本的社会公德处于一知半解的状态，这是可持续发展教育缺失的表现。

（5）国际教育事例的启示发人深省

美国的《国家科学教育标准》规定："具备科学素质必须能够读懂主流媒体上关于科学方面的文章，并且要在社会交往中运用正确的结论。"

英国北爱尔兰地区在中学科学课堂上许多教师使用科学报纸，引导学生将科学融入日常生活，目的在于培养学生们对书面媒体的批判性的阅读能力。"要使他们能分辨出哪些信息是错误的，要让学生更好地适应社会生活——有足够的能力交流、表达、与人交谈、和人辩论、争辩、讨论。我不是说我已经成功地做到了，但这是我的目标。"一位接受调查的科学教师这样表示。如果我们的教师们也养成了这样自觉地重视科学教育的习惯，我们的中学课堂该会多么的丰富。教师让科学进入课堂，让学生通过对科学报道地阅读、讨论、交流，以促进其科学素质的提高，这正是对我想在语文课上进行科学教育渗透尝试的启发。

教学中渗透科学世界观教育的实践探索

（1）课堂阅读教学中，以名家名篇为载体，进行"科学世界观"的渗透。

①学会用矛盾的观点看待问题　现代社会，学生容易一面性地看待问题，他们的头脑中"好"和"坏"是有明显界限的，所以老师就应该引导学生认识到任何事情都有它的两面性，不能凡事都是非此即彼的观点。

在学习清代文学家沈复的短文《童趣》时，很明显地肯定了要用乐观的态度对待生活，努力去挖掘生活中的乐趣。比如：夏夜"留蚊于素帐中"，作者把四处乱飞，嗡嗡乱叫的蚊子想象成仙鹤在云端飞舞，多么乐观；生活无聊之时，把"花台杂草"想象成茂盛的树林，多么大胆；幼年寻趣之时，把争斗的草虫当成野兽争斗，多么"放肆"。这些原本枯燥的事物经作者的合理想象，变得美好，这样的生活态度是作者所倡导的。

分析完这部分内容之后，建议学生利用周末的时间读鲁迅先生的《阿Q正传》，利用课堂时间让学生将这两篇文章中作者的生活态度进行个人见解地阐释，之后以《"童趣"和"阿Q精神"》为题让学生完成一篇周记。下面我摘抄学生札记中的一段文字："我以前读过《阿Q正传》，一直以来对阿Q的那种自欺欺人的精神胜利法嗤之以鼻。阿Q打不过别人就说是儿子打老子等的表现，让我一直将阿Q当作生活中的一块笑料，甚至在反思自己身上有没有犯过这些幼稚的错误。但在和沈复的生活态度进行对比后，我发现沈复的那些做法不也是精神胜利法地体现吗？但为什么丝毫没有挖苦、讽刺之意？看来阿Q也可以成为我生活中的榜样，在激烈竞争的今天，我也应该学会用精神胜利法来安慰自己，不能遇到不如意的事情就一味地悲观沮丧，沉沦于其间不可自拔，而应该学会调试自己的心情，只要让自己摆脱掉不愉快的心情，就可以了。"

看过学生的札记，不难发现：学生能学会批判地对待问题，这是十分重要的科学世界观的体现。作为教师，许多科学的观念如何变我有为他有、大家有，实际并不困难。学生的认识水平是不可低估的，只要在我们能够科学地理解和看待一个问题之后，给学生以适当地引导，他们一定会给老师一个满意，甚至是惊喜的答案。

一位老师曾经对学生对待自己今后的人生态度进行过一次问卷调查，问卷及调查结果如下：

去国外旅游时，总会买一些小礼物送给亲朋好友，当你发现你看中的物品上印着"MADE IN CHINA"时，你会买吗？

A、买

B、不一定

C、不买

选A的有4人，占9.5%；

选B的有3人，占7.1%；

选C的有35人，占83.4%

你在旅游车上把钱包丢了，这时你两侧各坐着一位中国游客和一位外国游客，你觉得这件事是谁做的？

A、中国游客

B、不确定

C、外国游客

选A的有27人，占64.3%；

选B的有4人，占9.5%；

选C的有11人，占26.2%

你有过在学习阶段到国外去完成某一阶段学习任务的愿望吗？

A、没有

B、没想过

C、有

选A的有2人，占4.8%；

选B的有6人，占14.3%；

选C的有34人，占80.9%

通过这次调查，不难发现学生对国外的崇拜很盲目，他们不懂得国外的东西不全好，中国的东西不全坏，这是一对矛盾的综合体。鉴于此，在学完《寓言四则》这一课后，我让学生对其中的两则中国寓言和两则外国寓言进行对比，感受中西方思想的差异。学生不难发现：中国人在借助故事说明道理时十分含蓄、委婉，故事给人的启示往往需要读者仔细地分析之后才能悟出；而西方寓言在叙述故事时语言十分直白，而且会在故事的结尾点明寓意。这意味着什么？中西方人在思想意识上有很大的差异，所以在为人处世、待人接物，甚至是教育理论上有很大的差异，有很大的矛盾，但从根本上又是统一的。让学生能够用矛盾的观点看待问题，这是科学世界观的体现。

②学会用批判的观点对待权威理论　孟子说："尽信书不如无书。"虽然课本选择的都是名篇佳作，但不能否认有些文字有欠斟酌之处，或者与现在的社会要求相悖，所以要教会学生有"取其精华，去其糟粕"的意识。

在《论语十则》一文中孔子及其弟子给了我们许多有关学习方法、学习态度、思想修养的名言警句。不论是在学校做班干部，还是今后走入社会，都应该让别人了解你的工作思想，认同你的工作理念，这对做好一件事是十分重要的。的确，在现代社会，一味地盲从或迷信，一味地只知道站在巨人的肩膀上，那何谈创新，何谈发展？

③学会用发展的观点衡量、评价自身　学完王家新的《理想》后，让学生畅谈自己的理想，学生只有认识到某一阶段的美好，才能对此充满期待，自然而然就会联系到自身的发展。因此，正确的人生观就在这样的引导中得以培养。

（2）利用综合实践课，通过主题丰富、形式多样的活动，培养他们科学的世界观。语文的综合性学习（附5次学生的调查报告）

第一次实践活动的主题：生活中的语文

调查对象：各种吸引人的菜名

①诗情画意之菜名

投桃报李红满堂：这个菜其实是寿桃

群龙聚首贺万事：一盘龙虾

温情团圆满庭芳：这道菜是一盘汤圆中间放一圈红枣，中间再插上一束百合。

点评：第一种菜虽然是几个寿桃，但这个名字却别具风格，让人有一种喜气洋洋的感觉。第二种菜只是几只龙虾，但却把它比喻成了一群聚在一起的龙，这让我们很佩服起菜名人的想象力。第三种菜名一看就让人有一种温暖的感觉，一家人聚在一起吃着汤圆，多么温馨呀！这百合代表着家庭和和美美，多好的寓意呀！

②幽默搞笑之菜名

母子相会：就是鸡肉炒鸡蛋

猪八戒踢足球：一圈猪蹄里面放一个肉丸子

关公战秦琼：西红柿炒鸡蛋

火山下大雪：就是往凉拌西红柿上洒上白糖

悄悄话：就是猪口条和猪耳朵

点评：第一个菜名取得很形象，鸡和鸡蛋是一对母子，相见了一定泪水汪汪。第二个菜名一听就让人想见见它到底是什么样子的，很吸引顾客，所以觉得它起得很好。第三个取得很有意思，把关公的红脸比喻成了西红柿；把秦琼的黄脸比喻成了鸡蛋，这样西红柿和鸡蛋在一起就是关公战秦琼了。第四个菜名听着很奇特，很能引起顾客对它的关注，所以这个菜名取得还是不错的。第五个菜名取得也很形象，是猪口对着猪耳朵说悄悄话，虽然这道菜并没有那么好吃，但一看见这个菜名，就让人对它印象深刻。

总结：如果把菜名起得十分优雅，那么就可以让人们对它食欲大增。菜名起得幽默可以加深人们对它的印象，对它的期望。可见，一个菜名对这道菜是多么的重要，它真是起到了画龙点睛的作用呀！

调查对象：英文翻译成中文的各类企业名称、商品名称

较好

SINA（网站）新浪 "新" 字用得好，体现出了网站中有 "新潮流"。

PHILIP（剃须刀）飞利浦（菲利浦）　用字很好，体现出了刀的锋利与飞一般的迅速。

PENTIUM（电脑处理器）奔腾处理器　体现出了处理器的迅速。

中等

SPRITE 饮料　雪碧　妖怪　让人感觉很清凉。最好能够遵照一些英文意思翻译。

NIKE（运动系列）耐克　胜利女神　体现出耐力。应体现出活力，而且能加上英文意思更好。

ADIDAS（背包）阿迪达斯　非常顺口。应有创意。

PIZZA HUT（西餐厅）必胜客　比萨木屋　顺口，而且 "客" 字用得好。也许翻译成 "比萨木屋" 更能吸引人。

较差

MR. PIZZA（西餐厅）比斯特比萨　比萨先生　没有任何意义。应翻译成比萨先生。

APPLE（电脑）苹果　苹果　没有创意。应有一定创意。

SNOOPY（卡通人物）史努比　完全按照读音翻译。应翻译得可爱一些。

总结：现今较好的英文翻译成中文的各类企业名称、商品名称等，利用了谐音字，表现产品的优越性；一般的翻译，还有一定缺

陷，比如：没创意，没有根据英文翻译等，但基本能够引起消费者的注意力；较差的翻译，有些是根本没有任何意义，可能在吸引消费者的方面就有些落后。

所以，给自己的企业、产品等起一个较好的名称，能够吸引消费者，是非常重要的。

第二次实践活动的主题：自然景观给我的启示

调查对象：撒哈拉大沙漠

步骤：

1. 从网上或书上寻找资料

2. 阅读资料并写感受

3. 资料汇总

撒哈拉沙漠是世界上最大的沙漠。它西起大西洋，东到红海边，北沿阿特拉斯山脉，南抵苏丹草原，面积 800 多万平方千米。"撒哈拉"在阿拉伯语里是"空虚无物"的意思，被称为"生命的坟墓"，但这里贮藏着丰富的石油、天然气、铁、铀、锰等，许多国家都在注视这块荒凉的宝地。

远古时代撒哈拉诸部落为了扩大自己的政治与经济实力，无节制地烧木伐林，放养超过草原承载能力的牲畜，若干世纪下来，森林锐减，草原干旷，土地沙化，最后演变成为大沙漠。有人认为，是地质历史大周期的转折改变了撒哈拉的古气候环境，年均降水量由 300 毫米左右突然降至仅 50 毫米，先是局部地区的沙漠化，然后节奏逐渐加快，沙漠不断蚕食周边的绿洲，最终将非洲的三分之一土地都吞没了。

意味着罕见的艰难，残酷的生存威胁与随时的毁灭，意味着无边的荒寂、贫瘠的沙漠。因而，我们不能不说，能够在沙漠中得以生存的都是顽强的生命，诸如沙棘、怪柳、仙人掌、光棍树等等。然而，最令我感动的还是在沙漠里生存一种很小很小的植物。它一生中没有固定生处，亦无固定的死所，沙丘上的每一个脚印、沙坑、驼迹，都可能是它的临时驻地。它追随着太阳的走向，从日出开始，在大沙漠中不停地移动、奔波、跋涉到日落。因而，人们称它为走日兰。

也许它并没有什么神圣的目标，命运也注定了其毕生也走不到太阳的身边，但是，它却像负了什么使命，矢志不移，忠贞不渝，永远向着光明前进，永远也不停止自己追求的脚步，移来移去，却仍是永远斯守着这片荒凉的热土……每当我记起那走日兰，便想起了那些在大漠中奋斗的石油工人、边防战士、航天试验基地的人们；同时也想起了为绿化沙漠而在西北探索了一生的一位白发苍苍的林学院老师，正是他们在沙漠上创造了一个又一个的辉煌。

走日兰，你虽然生长在大沙漠中，虽然在植物志上我没有找到你的名字，但你却又是时时在我的身边，你早已成为我心中的夸父。但愿在你走过的地方也能够生长一片片盛开着的烧天邓林，把那些在沙漠中跋涉着的人生之旅辉映得更加绚丽红火。

总结：通过这次学习我们了解到：撒哈拉大沙漠广袤无际，人的胸怀也应像它一样，宽广一些，不为一点点小事斤斤计较。它的黄沙漫天、干燥炎热也使我们明白了：不要等到地球已经遭到破坏了再后悔，不要等到事情已经发生了再感到惋惜。要从一开始就好好珍惜它，细细策划它，让走过的路没有悔恨，回首昨天，问心无愧。最后让我们一起保护自然环境吧！

第三次实践活动的主题：人类的起源和发展

主题：追寻人类的起源——外国神话中造人的传说

研究目的：了解各个国家与地区有关造人的神话传说，并加以概括与总结。

研究方法：通过上网、查阅书籍等搜集资料

研究步骤：

1. 分别查找不同地区的传说

2. 进行汇总

3. 制作幻灯片

研究内容：

1. 宗教的神话传说

2. 印度的神话传说

3. 北欧的神话传说

4. 古埃及的神话传说

5. 南美印第安人的神话传说

6. 毛利人的神话传说

7. 澳大利亚人的神话传说

8. 达雅克人的神话传说

9. 希卢克人的神话传说

10. 南美奎什玛雅人的神话传说

总结：通过此次对外国神话中造人的传说的研究，我们发现在各个国家和地区，都有着不同的造人的神话传说，没有一个地区的说法相同。这说明每个国家与地区都有着不同的文化背景与习俗。外国神话中造人的传说多姿多彩，令人目眩。如果深究，会发现各个传说都还是有点类似的。

神创造人虽说是对于人类起源的错误解释，但能流传至今，也在于它们一些神秘的色彩，使人们将其愈演愈烈。

第四次实践活动的主题：我身边的珍品

主题：我家中的珍品

调查对象：同学家里的聊斋志异的照片。据说，这是他爸爸的姥爷传下来的，至今依旧保存得很好。

感想：蒲松龄的创作动力固然来自他坎坷潦倒的遭遇，但更来自他对黑暗腐朽的封建社会的洞察体验。他与下层人民和穷知识分子联系密切，对他们的疾苦感同身受，素有为民请命之志。因此，他的作品有着积极的社会意义并闪烁着人性的光辉。

《聊斋志异》是我国宝贵的文化遗产，作者以这些超现实的事物反映出了老百姓的生活与思想，冲破了种种局限，自由地驰驱笔墨，充分表达作者的心愿和理想。

总结：通过此次调查，我们了解到《聊斋》这部书内容渊博丰富，包罗万象。它继承了六朝志怪和唐宋传奇以神魔活动反映人间事情的传统，而思想性和现实性却更加深刻，艺术上也有创造性的发展。它运用现实主义和浪漫主义相结合的艺术手法，使作品既带有奇特的想象、幻想和浓烈的情感色彩，而又典型的概括了现实生活，在生活真实的基础上，达到艺术的真实。作者塑造了许许多多不同类型的个性鲜明的人物形象，读后常常令人难以忘怀。尽管这些形象叫人目不暇接，却不会有性格模糊或千人一面的感觉。另外，语言的精炼美妙，故事情节的曲折生动，也是作品的突出优点。《聊斋志异》的艺术成就，无疑是在文言小说的高峰之上的。

第五次实践活动的主题：老照片的故事

调查对象：拍摄于 1977 年的一张非常珍贵的老照片，照片上的人是国家领导人和参加"一号任务"的科研人员，我爷爷就是当中的一员。

介绍："一号任务"是保存毛主席遗体的研究工作，以供子孙万代永远吊唁和瞻仰，可是却给医务人员出了个天大的难题，当时苏联是这项技术的发明者，又有保存列宁遗体半个世纪之久的经验，但当时据说列宁和斯大林的遗体，看起来有些干瘪，列宁的鼻子和耳朵都腐烂了，只好用蜡来代替，斯大林的胡须也脱落了。苏联的防腐技术先进况且如此，毛主席的遗体又如何能保存呢？从 1976 年9 月到 1977 年8 月，许多专家被召到了北京，这些专家既涵盖了解剖、病理、生物化学等医学专业，也包括了光学，真空、空气调节、

47

建筑等专业。我爷爷就是其中的光学专家。当时科学家们还购买了西方先进科研仪器。专家们在地下室工作了整整一年，最后毛主席被成功保存在水晶棺中。

毛主席遗体的保存，实质上是专家们同细菌和氧气的长期斗争。

总结：从这张老照片我们知道了爷爷科学研究的重大意义，和科学家们勇于挑战、无私奉献的精神。他们永远是我们学习的榜样。

《语文课程标准》（实验稿）与可持续发展教育思想形成了四个基本切合点：一是要注意培养学生的语文素养，二是挖掘语文教育的人文内涵，三是倡导自主、合作、探究的学习方式，四是建设开放而有活力的语文课程。而中华民族文化可归结为以下五个方面：睿智的哲学宗教思想，完善的道德伦理体系，辉煌的文学艺术成就，独特的语言文字形态，浩瀚的文化典籍。这要求我们在语文教学中，不仅要注重知识的传授、运用和语感的培养，也要承担起可持续发展的重任。

（3）思考与讨论

①不论是否承认，凡是还在从事语文教学工作的每一位语文教师，都必须认识到：我们面对的学生已然是新世纪的青少年了，我们手里的语文教材也一变再变了，那么语文教学仍保守传统的观念是不可取的，而应该从时代的高度重新审视自己的语文教学，力争使自己的语文教学注入时代的特色。

②语文教学从来就不可能是，也绝不是远离学生思想教育实际的象牙塔，"文以载道"其表达的就是人们对世界林林总总的看法。主动发掘语文教材，通过课堂教学，为学生训练出一双观察世界的"慧眼"，应是语文教师不可推卸的责任。

③目前我们正置身于新一轮课程改革中，这就意味着凡是教师，凡是要在课程、教材改革已经全面启动的改革浪潮中生存下去的教师，凡是要在课程、教材改革已经全面启动的改革浪潮中有所作为

的教师，就必然面临着自我发展及如何发展的历史课题，这是来自社会进步的挑战，是时代的需要。

总之，语文老师应该在自己的学科领域中挖掘出更多的对培养学生有价值的东西，才能够展现语文教学的乐观前景。

8. 生物学教学中的科学世界观教育

科学世界观辩证唯物主义，是关于自然界、人类社会和思维发展的最一般规律的科学，是马克思主义哲学的重要内容之一，是科学的世界观。它认为，世界是物质的，物质世界按其固有规律永恒运动着，对立统一规律是宇宙最根本的规律。生物科学所研究的是生物的产生、发展和变化的规律，这些规律也是客观规律的一部分。

学习生物学知识，可以发展学生的辩证逻辑思维，有助于学生形成科学的世界观、生命观。同时，也只有用辩证唯物主义观点去认识和研究生物学，才能避免学生走弯路。高中阶段是学生接受科学世界观教育的重要时期，加强对处在高中阶段的学生进行科学世界观教育，是当前每一位高中教师都应重视的问题之一。

（1）挖掘教育素材 进行有效的科学世界观教育，高中《生物》的教学内容异常丰富，几乎涉及生物科学所有分支学科的内容，既有宏观领域的生态学，又有微观领域的细胞学、分子生物学，还有揭示生物的遗传和变异的遗传学等。这些内容不但可以极大地开阔学生的视野，激发起学生学习科学的兴趣，而且其中蕴含着丰富的辩证唯物主义观点，如生命的本质是物质的、生物与环境是统一的整体等等。在教学中要适时地、适当地、潜移默化地对学生渗透辩证唯物主义观点，从而对学生进行科学世界观教育，以使学生逐步形成科学的世界观、生命观。

①使学生认识到生命的物质性　辩证唯物主义认为，世界的本质是物质的。作为世界的组成部分的生物界也是如此。在教学中，应该使学生认识到：生命的本质是物质的，生命起源于非生命物质，经历了从无到有的产生、发展阶段。教师要通过"生物的物质基础"和"生物的结构基础"的教学，有意识地使学生认识到细胞是生物结构和功能的基本单位。虽然构成细胞的化合物与无机界中的化合物相比有很大的不同，有糖类、脂类、蛋白质、核酸等，但它们的化学组成与无机界中的化合物很相似，也都是由无机的 C、H、O、N、P 等元素构成，即构成细胞的化合物的化学元素在无机界都可以找到，没有一种是生物所特有的，这充分说明了生命的物质性和生物界与非生物界的统一性。

②使学生形成普遍联系的观点　自然界是一个统一的整体，万物之间有着密切的联系，生物界也不例外，教学中应注意使学生形成普遍联系的观点。

明确细胞是一个统一的整体，例如，细胞的生物膜系统，包括各种具有膜结构的细胞器在结构和功能上是互相联系的，在结构方面，内质网与核膜、细胞膜等膜相连，并且内质网、高尔基体、细胞膜三者之间的膜可以相互转化；在功能方面，核糖体、内质网、高尔基体和线粒体等彼此联系，共同完成胰岛素等分泌蛋白的合成、加工和分泌。可见，细胞是一个结构和功能相统一的整体。

明确生物体是一个统一的整体，例如，在讲解"绿色植物的新陈代谢"时，就不能把根、茎、叶等器官的结构和功能分割开来讲，而应该使学生明了：根、茎、叶等器官作为整个植物的部分，它们彼此之间是相互联系的，而不是孤立的。绿色植物吸收水分和矿质养料的主要器官是根，水分及溶解在其中的矿质养料通过导管自根向茎、叶等部位进行运输，供茎、叶利用；而叶通过光合作用产生的有机物，又可以由筛管向茎、根等部位运输，被这几部分利用。

再如，讲解"动物的新陈代谢"时，要使学生明白：高等动物的新陈代谢，包括消化、呼吸、排泄等各种生理活动，主要是在神经系统的统一调节下，由各器官系统分工合作、共同完成的。人体通过消化系统消化、吸收各种营养物质，营养物质再通过循环系统运送到身体的各部分，供各部分营养，营养物质在身体各部分转化时所必需的氧气，又是由呼吸系统自外界摄取的，而身体各部分产生的代谢终产物如二氧化碳等，又通过循环、泌尿、呼吸系统的共同作用排出体外，这几大系统的功能主要在神经系统的调节下得到互相协调，使人体成为一个相对稳定的统一整体。

明确生物体和它赖以生存的环境是统一的整体，这一观点的渗透，可通过"生物与环境"一章的教学说明。任何生物都生活在一定的环境当中，与环境有着非常密切的联系。

一方面，生物离不开环境，生物赖以生存的物质生活条件由环境所提供，植物光合作用所需的原料二氧化碳、水及矿质养料主要都来自周围环境；生物的生命活动也受到环境中各种因素如阳光、温度、水分等的限制，如植物光合作用的强度明显受光照强度、二氧化碳浓度的影响；生物长期生活在一定的环境中，也必然会形成适应一定环境的特性和结构，如生活在沙漠地区的仙人掌，它们的叶退化成刺，这样可减少水分的散失，它们的茎含有叶绿体并且很肥大，既能进行光合作用又能储存大量的水分，这是仙人掌对沙漠缺水环境的适应。

另一方面，生物的生命活动又能够不断地影响和改变环境，例如，柳杉等植物能吸收大量的二氧化硫等有害气体，从而能够净化空气；又如，人类对森林的滥砍滥伐，对草原的过度开垦和放牧，造成森林面积锐减、草场急剧退化等。此外，在自然界中，生物之间也存在着既相互依赖，又相互制约的关系，例如共生、竞争、捕食等，这些关系的说明，可通过"生态系统"等知识的讲解进行。总之，生物与环境是一个统一的整体。

③使学生形成变化发展的观点 自然界是不断运动和变化、不断更新和发展的。学习生物学，就应该用变化、发展的观点认识和研究生物和生物界。

就生物个体而言，以动物为例，无论是单细胞动物，还是多细胞动物，都有一个产生、生长、衰老、死亡的过程，始终在进行自我更新，一旦生命结束了，这种更新也就停止了。

就生物界而言，则存在着从生命起源到生物进化的发展过程，其总的趋势是由简单到复杂，由低等到高等，由水生到陆生，而不是一成不变的。这些观点可结合"细胞增殖"、"细胞的分化、癌变和衰老"、"生物的新陈代谢"、"生物的进化"等章节教材的教学进行渗透。

例如，细胞分化就是生物界中普遍存在的一种生命现象。它发生在生物体的整个生命过程中。细胞分化是指在个体发育中，相同细胞的后代，在形态、结构和生理功能上发生稳定性差异的过程。只有经过细胞分化，多细胞生物体才能进行正常的生长发育，由一个受精卵发育成具有复杂的组织、器官和系统的新个体。

再如，动物的消化方式，也经历了变化发展的过程。最原始的原生动物只有细胞内消化，随后出现的原始的多细胞动物则兼有细胞内消化和细胞外消化两种方式，而最晚出现的高等多细胞动物如人则具有最为进化的消化方式，即完全的细胞外消化。可见，动物越低等，其消化方式越原始，所能消化的食物的种类越单一，数量越少；反之，动物越高其消化方式越进化，所能消化的食物的种类越复杂，数量越多。

④使学生建立起对立统一的观点 自然界的现象都包含有内在

的矛盾，矛盾的对立面既斗争又统一，构成了事物发展的动力。生物体的个体发育和生物界的发生和发展都是遵循这一规律的。

就生物个体而言，从新个体产生到生长、发育、衰老、死亡的全过程中，无不充满着对立的矛盾和斗争，如生物的新陈代谢，它所包含的同化作用和异化作用，构成生物体中的最基本的矛盾。生物通过同化作用合成自身的组成物质，并储存能量，又通过异化作用分解自身的组成物质，并释放能量，这两方面作用的交替发生，不断实现生物体的自我更新。没有同化作用，异化作用就没有物质基础。反之，没有异化作用，则同化作用就缺少必需的中间产物和能量，正是在这种对立又统一的矛盾之中，生物体才能正常地生长和发育。这在"绪论"、"生物的新陈代谢"等章节教学内容中可充分说明。

就生物界而言，生物的个体之间、生物与环境之间以及在生物的进化过程当中，无不充满着矛盾，也正是由于这种矛盾的对立和统一，推动着生物界的发展，例如，生物之间的生存斗争，生物与环境之间的斗争等。

（2）注意教育方法

①忌生硬说教　必须使科学世界观教育的内容与教材内容有机地结合起来，在潜移默化中使学生受到教育，切不可使两者分离，否则就成了生硬的"穿靴戴帽"。学生不但受不到教育，反而会反感教师的说教，时间久了，还会失去对生物学的学习兴趣。

②忌阐述错误观点　要防止错误观点对学生的影响，例如在讲述生物的遗传和变异时，必须明确所有生物的各种性状的遗传和变异，均是由生物本身具有的遗传物质（主要是 DNA）所决定的，而非超自然的作用所为。再如，在讲述现代生物进化理论时，就必须明确生物进化是自然选择的结果，而非生物自身目的的实现。当然，在防止错误观点对学生的影响的同时，还要防止轻易否定那些目前

尚未研究清楚而实际存在的真理。例如，过去普遍认为鸟类的祖先是始祖鸟，如果我们坚持过去的观点，由此否定鸟类还有别的祖先，那无疑是错误的，因为近年发掘的"孔子鸟"，其生存年代要比始祖鸟久远。

③忌时断时续　进行科学世界观教育，是一个长期的、持之以恒的工作，它应该贯穿在学科教学的始终。如果科学世界观教育在教学中缺乏连贯性，而是时断时续，在该教育的地方没有及时进行教育，这样的话，生物学科教学就起不到它应该起的教育作用，学生也受不到应有的教育。

9. 物理教学中培养科学世界观

众所周知，物理学是自然科学的重要组成部分，是自然科学的主要分支之一。在物理学中各科学理论的建立与形成的过程中，蕴涵着丰富的社会科学知识，在物理学发展的各个阶段都充分地体现了科学家们的人文精神。所以应时刻注意，在教学过程中将社会科学中的人文精神展示给受教育者即我们的学生，使他们在学习物理知识的同时，得到良好的人文精神的熏陶，在潜移默化、不知不觉中美化净化他们的心灵，培养他们辩证唯物主义的科学世界观和方法论。

（1）物理学中蕴涵社会科学内容

中学物理教学目的之一，就是使学生学到物理基础知识和基本技能，受到科学方法和科学思维的训练，受到科学作风和态度的熏陶。在物理教学中始终体现求实、求真、求新精神。通过学习，发展科学的认识能力、思维能力和实践能力，并逐步形成科学的世界观和人生观，掌握科学辩证唯物主义的方法论。建立健全的人格，树立崇高的社会风尚，使学生们在未来的社会中善于并敢于承担对他人、对社会的责任，成为"健康"的社会人。

随着社会的发展，教育理念的不断更新，学生个性化的发展越来越被重视起来。通过个性化的发展，在求真求实的求知过程中丰富学生的价值取向和人文精神。

（2）物理学中形成科学世界观

现代教育论正在由注重知识结果向注重获得知识的过程转化。物理学发展的各个历程中好多规律的得出，都证明我们在实际教学中必须注重获得知识的过程。物理学内容的不断丰富、深化，对改变人们的思想观念、文化传统有很大的推进作用，从而导致人们在世界观、方法论和认识论上都有了重大改变。

如哥白尼日心说的得出，爱因斯坦广义相对论的问世，在不同的历史时期使人们的世界观、方法论、认识论有了天翻地覆的变化，在相对论理论基础上建立的宇宙大爆炸学说描绘出了宇宙演化的前景。又如按经典物理学理论，要认识物质必先认识物质的分子结构，而认识分子结构又要揭开原子世界的奥秘，即任何复杂、整体的事物结构都可以还原为简单、单一的结构系统，可以由研究简单结构系统来分析整体。这恰好是辩证唯物主义哲学由部分到整体、由特殊到一般的思想的体现。

从某一方面说，教育就是教育者和受教育者之间在认知、情感和行动上的交流与探讨，既然如此，那就是人与社会关系的反映。提倡教学主体从目的、需要、动机和情感等方面加以感悟。让学生体会科学理论的形成过程也是自然、科学与人类社会交往的过程，养成实事求是的作风，尊重他人成果的态度，获得积极进取、坚忍不拔的精神，敢于向困难挑战，并最终战胜困难的意志品质。

（3）物理教学中形成哲学思想

①在教学中加强认识论的渗透　学科学的最终目的是用科学。但首先得有一个正确的认识，如学习原子能时，了解核技术在医疗、能源等方面的应用时也要知道核污染，了解核危害，甚至它可以毁灭整个地球，让学生推测危害的严重后果。学习了电磁学后，让学生调查身边的电磁污染的种类、程度以及如何防治等等。学习完声学知识后，让学生了解身边噪声污染情况。使学生对自然、社会有个全面系统的认识并且加强了社会责任感。

②开发物理教学中美育潜能　1542 年哥白尼在《天体运行论》中有这样一段论述，"在哺养人的天赋和才智的多种多样科学和艺术中，我认为首先应该用全副精力来研究那些与最美的事物有关的东西。"这一句话充分反映出他是多么欣赏科学中所蕴涵的美啊。

世界上最伟大的物理学家牛顿，从统一性美学角度出发，将经典力学进行了完美的统一，在伽利略动力学的基础上总结出第一、第二定律。在开普勒天文学理论的基础上总结出了万有引力定律，万有引力定律用最简单的 m、r 和 F 之间的关系就反映了宇宙间力的完美和谐的统一。

量子物理学家薛定愕使量子理论与经典振动力学达到了最高境界统一美。不仅如此，物理学的现象之美、结构之美更是不胜枚举。当人们看见缤纷的彩虹、飘缈的海市蜃楼时不禁惊叹大自然的鬼斧神工了。总之我们要在学习物理知识的同时加深加强对学生的美学熏陶，净化美化他们的心灵。

③挖掘物理教学中辩证唯物主义思想　在介绍电场、磁场及电磁场的概念时，在了解电磁场是一种特殊物质的基础上，及时引导学生进一步认识。物质具有客观实在性，它不以人的主观意志为转移。

讲到固体吸收足够的热量融化为液体，液体吸收足够的热量升华为气体的三态变化时，引导学生体会在事物发展变化的过程中外因（吸热）是条件，内因（分子间距离发生变化）是根本，外因要通过内因而起作用，同时其中也蕴涵着量的积累达到一定程度才能发生质变的唯物主义哲学思想，特别是对摩擦生热、钻木取火的科学解释更确切地反映了这一哲学思想的内涵。

又如微观粒子的波粒二象性，分子间同时存在引力和斥力等等，都是"对立统一"这一哲学观点的有力证据。再如谈到物理学中理想模型的建立："质点"、"理想气体"、"轻绳"、"理想变压器"等，特别是牛顿第一定律的提出充分体现了处理问题时抓主要矛盾，忽略次要矛盾的唯物主义科学方法论。经过这样的启迪与开发，使学生们的唯物主义思想得到最大限度地开发和提高。

④利用物理教学加强道德修养　利用法拉第用十年时间经过不懈的努力发现电磁感应现象、居里夫人从几十吨的沥青中提取出几克镭从而发现新元素镭的事例，培养学生坚忍不拔、严谨求实的科学态度，培养社会责任感。

通过我国"两弹"爆炸，卫星上天的事例，激发学生的爱国热情和民族自豪感。从邓稼先、王淦昌等为"两弹一星"而隐姓埋名的工作中激发学生为科学而献身的精神。使学生从小立志，树立远大目标，激励他们刻苦学习，奋发图强，掌握本领，获得能力，长大后报效祖国。

总之，物理学既是一门严谨的自然科学，同时它也富含优秀的人文主义精神和丰富的辩证唯物主义思想。在教学中要不断开发，这样使学生在物理课堂上既学到了自然科学知识又受到了良好道德品质的熏陶，逐渐形成科学的辩证唯物主义世界观和方法论。

第二章

学生文明素质教育的故事推荐

1. 蒙古族天文数学家明安图

明安图，蒙古族人，属清初蒙古正白旗（今内蒙古锡林郭勒盟南），生卒年不详。按有关资料排比其卒年当在 1763~1766 年间，暂定 1765 年。青年时代被选拔为官学生送钦天监学习天文历算，1712 年曾随康熙皇帝去承德答问天算问题，次年卒业，供职钦天监，历任五官正和钦天监监正，前后共四五十年。其间他参加了《历象考成》前后编和《仪象考成》的集体编撰，平时则负责编算各年时宪书，预告日月食。乾隆年间曾二次去新疆测绘地图，以测太阳午正高弧定地理纬度，以月食观测定东西偏度，即经度，同时配以三角测量，在测量基础上编绘《皇舆全图》新疆部分。数学方面著有《割圆密率捷法》，其中证明了传教士杜德美传入的 3 个无穷级数，又在证明过程中得到另外 6 个无穷级数展开式，此书由他的儿子最后续成，颇有影响。

他的科学成就表现在三方面，即天文历算、地图测绘和割圆密率。在这三方面，他的工作差不多经历了大致相同的过程，即先是以普通人员参加工作，进而在工作中逐渐表露其才华，弄懂传教士秘而不传的方法，最后有所发展。天文历算方面，《历象考成》编成后，其中的《日躔月离表》，除二位传教士徐懋德、戴进贤以外，只有明安图一人能够使用，于是由他们三人主持编写后编，抛弃了本轮均轮体系，改用地心椭圆面积定律。可见，明安图是前后编之间的纽带。新疆测绘先是由传教士蒋友仁、高慎思等人主持，后来，明安图参与其事，最后成了领导人，而测量队里的传教士傅作霖和高慎思已在他领导之下。割圆密率的研究也是从传入的几个公式入手做的。总之，他作为一个蒙古族天文数学家，在清初传教士控制中国钦天监的时期中，以自己的学术水平和才能当上钦天监监正，主持一些重要工作，打破了传教士的垄断，这是很有意义的事。

2. 我国近代科学的先驱者李善兰

李善兰，晚清浙江海宁县人。10 岁时自学《九章算术》，无师授而通其义，遂从此喜爱算学。15 岁时读利玛窦和徐光启合译的《几何原本》前六卷，深为未译全书而遗憾，后结识江浙数学家多人，共同研讨，屡有著述，成为当时有名的数学家。1852 年至上海，与传教士伟烈亚力、艾约瑟等人合作，翻译西方自然科学著作多种，涉及数学、天文、力学、植物等学科。1860 年之后，重新转入研究和著书阶段。1862 ~ 1867 年入曾国藩门下，为出版著作集《则古昔斋算学》而奔走。1868 年后入京，充当同文馆中天文算学馆总教习，从事教育，直至晚年，卒于北京。

李善兰一生在数学上的贡献最大，他的《方圆阐幽》、《弧矢启秘》、《对数探源》三书是其名作，他提出求自然对数的方法——级数回求的"李善兰恒等式"和素数论，开创了我国高等数学的研究领域。他同传教士合译了《几何原本》后九卷、《代数学》和《代微积拾级》，使微积分学在我国第一次得到传播，他创立的许多数学名词和数学符号沿用至今。

在天文学方面，他同伟烈亚力合译的《谈天》一书是我国古典天文学体系向近代天文学转化的关键，由于《谈天》的出版，近代天文学的系统知识在我国广泛传播（见本编第九章）。此外，他对椭圆轨道的解算进行了深入研究，为天体力学在我国的传播打下了基础。自从明安图等人在《历象考成后编》中采用了椭圆面积定律以后，计算日、月、行星位置都要用到开普勒方程，在面积和近点角之间互相推求，数学家徐有壬写了一本《椭圆正术》，简单扼要，且便于对数运算，李善兰为其作了图解证明，即《椭圆正术解》。后来，他又写了《椭圆新术》和《椭圆拾遗》二书，提出用无穷级数的方法求解开普勒方程，即用级数展开式求解，这在近代天体力学、轨道计算中是常用的数学方法。这一方法虽比欧洲学者晚，但毕竟是独立研究的成果。（薄树人：清代对开普勒方程的研究，《中国天文学史文集》第三集，1984 年）此外，李善兰还用几何学方法解释《麟德历》的计算步骤，为探讨中国历法的天文学意义开辟了道路。在恒星子午观测定纬度的方法中，他也是以几何学方法来说明代数运算的含义，是以解析几何用于天文学的范例。

在力学和植物学方面，他同传教士合译的《重学》20 卷和《植物学》8 卷都是在我国首次传播这些学科的系统知识，创立了许多译名，实为科学名词的最初建立。

李善兰既是一位有成就的数学家，更是我国近代科学的先驱者。

3. 深具民族气节的科学家詹天佑

1890 年，清政府想要修一条从北京到沈阳的铁路，这条铁路由英国总工程师金达指挥。在经过滦河的时候，要修一座桥，这个工程却让这位大名鼎鼎的英国工程师大伤脑筋。经过几天的观察和思考，这位英国工程师只好把这个工程交给日本和德国的一些承包人来完成，结果他们都以失败而告终。

其实中国早在 1887 年就已成立了自己的铁路公司，但是当时执政的清政府对自己的技术人员不信任，总是把修铁路的大权交给外国人。

对滦河大桥束手无策的英国工程师金达找到了中国铁路公司的工程师詹天佑，他一脸愁苦地对詹天佑说：

"詹先生，这个滦河工程看来我们老外是拿不下来了，你看你们中国人是不是有新的办法。如果能行的话我就把这个工程交给你了。"

詹天佑在看完金达的设计图纸后说：

"如果你的设计方案能改动的话，这个工程我会很快把它完成的。"

着急的金达看见詹天佑已经同意承接这个工程，高兴得连忙答道："可以，可以"。

詹天佑经过反复的研究和考察，发现滦河的建桥地点选得不是地方，因为这一带滦河的土质有问题。詹天佑改变了建桥地点，并大胆地采用了压气沉箱的办法，让中国的潜水员下河操作，结果终于成功地打下了桥桩。就这样滦河大桥在詹天佑地指挥下建成了，那些外国工程师都目瞪口呆，不得不对中国工程师另眼相看。

詹天佑 1861 年生于广东南海，童年在私塾读书。旧时的孩子上学主要的课本就是《四书》和《五经》一类的古书，詹天佑自小并不喜欢这些东西，他喜欢的是用泥土做各种各样的玩具，并常常和小伙伴们到附近的一些工厂里去拾小螺帽，詹天佑因此收集了各种各样和不同型号的螺帽。

十一岁那一年，詹天佑来到了香港，并考取了技艺学校。他在技艺学校刚上了一年的学，就碰上了清政府在上海设出洋局，政府需要招收一批儿童到美国留学。詹天佑的父亲听说这件事以后，便去替儿子报了名，就这样詹天佑在香港参加了考试，并顺利地通过了考试。

1872年7月，十二岁的詹天佑作为中国第一批留美官费生前往美国去读书，在那里他先后读完了小学、中学并以良好的成绩考取了著名的耶鲁大学。在耶鲁大学里他攻读了土木工程和铁路工程专业，并于1881年以优异成绩学成回国，那一年他只有20岁。

当时中国守旧派官僚们对于铁路修建事宜既恐惧又反感，认为是"破坏风水、冲动地脉，让我们的祖宗在地下不得安宁"。这一来就使得学业刚结束的詹天佑英雄无用武之地。詹天佑只好改行到福建水师学堂学习驾驶海船，然后分配到福建水师"扬威"号旗舰上去担任驾驶官。

1884年，中法战争爆发，詹天佑驾驶的"扬威"号参加了战斗，因为"扬威"号的指挥官张成半路逃跑，詹天佑主动担任了指挥官，并将敌人的旗舰狠狠地教训了一顿。

几年后，随着中国铁路公司在天津成立，詹天佑才得以旧梦初圆。滦河工程的建成不仅为中国人争了光，同时也为詹天佑以后的工作打下了一定的基础。

在这之后，中国决定修建北京到张家口的铁路，因为铁路所经之地是我国的经济和军事重地，所以英国和俄国都争着要修这一条铁路。后来双方争执不下，就对当时执政的清政府表态：

"这条铁路除非由中国人自己来修，我们就不过问此事了。"

于是清政府决定自己来修建这条铁路。1903年，清政府终于起用了中国自己的铁路工程师詹天佑来修建京张铁路。外国人听到这个消息以后，都大为惊讶，他们认为按中国人的实力再过50年也完成不了这个工程。以至于詹天佑在给自己美国的一位老师写信的时候说："如果京张铁路工程失败了，它不仅是我一个人的不幸，同时它也会给中国人民带来巨大的损失，我想我会用我所有的精力和时间来完成这一工程，这也是我坚持担当这一工程的一个重大原因"。

从北京到张家口的铁路全长二百公里，这条铁路不仅要经过崇山峻岭的燕山山脉，同时还得穿过号称天险的居庸关、青龙桥、八达岭一段，这些困难没有把詹天佑吓倒，他决定用穿山洞打隧道的办法，穿过燕山山脉。京张铁路仅仅在燕山山脉就打了四条隧道，最长的隧道有一千零九十一米。

打隧道虽然是解决火车如何穿过燕山山脉的一个方法，但是这个方法对贫穷的中国来说有些难处，因为这样一来，消耗的资金不仅很多，同时还占用过多的劳力。经过反复的研究和探讨以后，詹天佑在修建居庸关、青龙桥、八达岭一段时便采取了"人"字形的方法铺铁轨，让火车用两个大马力的火车头前拉后推，然后到交叉点以后再调换方向。这样循环交替，火车就能平平稳稳地上山了。后来人们为了纪念詹天佑的伟大壮举，在青龙桥车站为他立了铜像。

1909 年 8 月 11 日，京张铁路终于完工通车了，并且比原计划提前两年完成。詹天佑的方法为国家节余了二十八万两银子。这条铁路的修建成功也使得外国人交口称赞。接着詹天佑又担任了川汉、粤汉铁路总工程师，并都圆满地完成了任务。詹天佑为中国铁路事业作出了巨大贡献。

4. 新中国伟大的地质学家李四光

1889 年 10 月 26 日，李四光出生于湖北省黄冈县一个贫苦农民家庭。父亲是一个教书先生，收入微薄，不得不在教书之余种些田地。他为人耿直，乐于助人，他的这种性格给了李四光有益的影响。

李四光的母亲是父亲的后妻，粗通文墨。从四五岁起，李四光就跟着母亲打柴、推磨、担水，从小就养成了吃苦耐劳的习惯。*1895* 年，中日甲午战争以中国失败而告终，*6* 岁的李四光就立下了发奋学习为国争光的志向。小学时期，李四光读书勤奋，肯动脑筋，因而学习成绩一直名列前茅。

1904 年，求知心切的李四光便向父母提出要去武昌求学。

1904 年 *7* 月，李四光以优异成绩被选送到日本留学，先在弘文学院普通班学习，后入大阪高等工业学校船用机械专科学习。

1910 年 *7* 月，李四光学成归国。但在战火连绵的旧中国，他难以找到施展才华的机会。于是愤懑之余，李四光决定再次出国，到英国留学。

1917 年，李四光获得学士学位。一年之后，即 *1918* 年 *5* 月，李四光又以《中国之地质》的长篇论文获得自然科学硕士学位。

1920 年 *5* 月，李四光婉言谢绝了恩师地挽留和一家印度矿山公司的高薪聘请，毅然回到了祖国，就任北京大学地质系教授。

1931 年夏天和 *1932* 年夏天，李四光两次到庐山考察，又发现了一些冰川 U 形谷和冰川泥砾堆积物。他将野外资料分析整理后，提出庐山在第四纪地质时期，至少经过两次冰期。中国第四纪冰川主要是山谷冰。*1936* 年 *8* 月，李四光又带着助手第四次赴庐山考察，获得大量证据：在白石嘴发现了第四纪冰川的确凿证据——冰溜条痕石。至 *1937* 年李四光将在庐山考察所得写成专著《冰期之庐山》，为我国第四纪冰川地质的研究打开了大门。

另外，在研究地壳的起源问题时，李四光不畏国外权威的说教，终于以几十年艰苦地探索研究，创立了一门新学说——地质力学，从而成为我国地质学家以创造性思想登上国际地质论坛的第一人。

1952 年，地质部成立，李四光被任命为部长。从此，李四光便

开始为新中国的地质事业而忘我工作了。

毛主席、周总理等中央同志就石油远景问题询问李四光。李四光肯定地认为：找油的关键不在于"陆相"、"海相"，而在于有没有生油和储油的条件。我国有大面积的沉降带，都有良好的储油条件，肯定能找到石油。

国家按照李四光的理论，立即开展寻找石油大会战，终于在东北、华北、中原一带发现了储量丰富的石油。

地震能不能预报？这是地质力学理论面临的又一个严峻问题。1966 年，河北邢台地区发生了强烈地震，给国家和人民造成重大损失。周总理多次召集科学家商讨对策。李四光认为地震和任何事物一样，不是偶然的，也是有一个过程的，是可以预报的。从此以后，他便投入了探索地震预测的工作。

李四光是我国卓越的自然科学家，世界当代最杰出的地质学家之一。他打开了中国第四纪冰川地质研究的大门，创立了地质力学。他把毕生的精力都献给了祖国和人民，他的精神永远鼓舞着中国人民。

5. 植物学家吴其浚

吴其浚，字瀹斋，河南省固始县人。生于 1789 年，卒于 1847 年。是我国清代有名的植物学家。

吴家是当地的官宦人家，好几代人都当朝做官。在当时"万般皆下品，唯有读书高"的思想指导下，这样的人家都藏有相当数量的图书，这也为吴其浚从小就能接受良好的教育提供了条件。加上吴其浚的聪明伶俐，好学好问，学习这些古诗词倒也并不费多大力气。

孩子的天性是与大自然接触，与大自然成为好朋友，吴其浚也是如此。他喜爱大自然中的红花绿草和苍松翠柏。吴其浚是一个有心人，在游玩的同时，对见到的动植物，特别是植物，经过自己的观察，总要提出一些自己不能解释的问题来，而且总要追根究底。他十几岁时，父亲在湖北当楚北学使（管教育的官）。有一次，一位远方来的客人，带来了一种大家都没见过的水果，外形好似鸭蛋，可味道却是酸酸甜甜的橘子味，十分可口好吃。高兴之后，吴其浚开始仔细端详起这个奇怪的水果。"这个水果叫什么名字啊？"他好奇地问来客，可客人说这水果也是别人送他的，他也不知道水果的名称。吴其浚转而又问自己的父母和家人，却没有一个人能回答这个问题。吴其浚想："世界上有多少种花草树木啊！就连人们吃的一些水果，也有大人不知道名字的。我要是能把见过的各式各样的植物分类，整理一下，应该是多有意义的事！"也就从这个时候起，那种不知名的水果在吴其浚的脑海里留下了一个大大的问号，使他幼小的心灵里萌生了要从事植物学研究的念头，从此，他步入了一个五彩缤纷的植物王国。

吴其浚对于研究植物兴趣极高，往往会耽误了他背诵《四书》、《五经》的时间。这可惹恼了世代官员出身的父亲。父母受封建思想的影响根深蒂固，一心指望儿子能够走仕途之路，光宗耀祖。因此对吴其浚的管教十分严格，自然会对他研究植物很不满意，认为是"玩花弄草，不务正业"，要求吴其浚专心读书，好参加科举考试，求取功名。好在吴其浚是孝子，又非常聪明，并不惧怕学习背诵那些枯燥无味的八股文章。嘉庆年间的1810年，21岁的吴其浚参加全省大会考名列前茅，成为举人。又过了7年，他进京参加了全国的殿试，并且金榜题名中了状元，随即被任命为翰林院管修撰的官。

这下让他的父母吃了一颗定心丸，不再干涉他研究植物了。吴其濬也就趁此机会，或骑马或坐船，一路尽情观赏祖国的大好河山，每当他遇到没见过的奇花异草，总会停下来认真观察，详细记录。

吴其濬别号雩娄农。雩娄是他家乡河南固始的古称，这个别号的意思就是固始的一个农民。这大概也是他在向世人表明自己立志研究植物的志向。

吴其濬在北京只当了两年官，就又被任命为广东的正考官。后来，官位越做越大，先后当过总督和巡抚。到过河北、山西、湖北、湖南、浙江、江西、贵州、福建、云南等许多地方，大半个中国都留下了他的足迹。可无论在哪里做官儿，或是从一地到另一地，吴其濬从来没有放松过他的植物学研究。也正是在全国许多地方的周游，才使吴其濬见到了更多奇花异草。他走到哪里，就研究和搜集那里的植物。由于公务繁杂，他就专门找了一些擅长绘图的人作随从，让他们把植物标本绘成图。只要他一有空，就会自己动手整理标本、绘图、研究。有时，为了搞清一种植物的生活习性，他会向一些有经验的农民和江湖郎中请教问题。

我国的中草药历史悠久，中草药里的知识内容博大精深。可当时并没有一部权威性的植物分类学专著，植物的命名相当混乱。比如同一种植物，在不同的地区可能就有好几种叫法，而有时不同地方说的同一个名字，在不同地区却是指不同的植物。江湖郎中游走各地，有时就会出现问题：不是当地没有药，就是用错了药。吃错了药不但不能治病，严重时还会丧命。吴其濬看到这些情况，决心用毕生的精力编一部最全最准确的植物学专著。

吴其濬有一种实事求是的科学研究精神。他很喜欢读书，只要看到书里记载的有关植物的内容，都会一字不差地记录下来，留作资料。他尊重前人的研究成果，可并不迷信前人。他每到一地，都会花费相当大的精力采集各式各样的植物标本。无论水里生的，还是土里长的，只要是以前没见过的，都会仔细研究，观察它的根、茎、叶、花、果实和种子。最后趁它还没有枯萎时，照原样一丝不苟地画成图，再附上详细的文字说明，保存起来，成为第一手资料。

吴其浚虽然做了大官，周游了许多地方，见过许多珍贵的植物，可是小时候吃过的那种不知名的水果，他却始终记忆犹新。二十多年以后，皇太后赐给他一筐水果，筐外面写着"蜜罗"两个大字。"蜜罗是个什么样的水果呢？"吴其浚一边心里想着，一边打开水果筐。没想到一打开，发现这里面的水果正好是他小时候吃过的那种不知名的水果。当时正是隆冬季节，吴其浚用温水浸泡那些已经冻成冰疙瘩的水果，化冻后，切开放在盘中，满屋飘香。吴其浚很是高兴：他终于知道了二十多年前，在家乡吃的一种不知名的水果名称了。可是他并不满足，因为还不知道蜜罗到底是产自哪里，他的生长有何特性？后来仔细打听，得知是福建的地方官给皇帝进贡的。之后，他被派往湖北做官，当地有人请客。在宴会上，他发现席上有蜜罗，又听说附近就有蜜罗树，立即让人带他去看个仔细，还叫人准备纸笔，认真画起图来。至于赴宴之事，早已忘到九霄云外了。

而后在江西、云南、贵州等地，吴其浚也见到了这种果树，并了解到蜜罗在云南被称为蜜筒，在贵州又被称为香橼，而实际上它们都是柑橘类水果的一种。这样，在吴其浚心里几十年的一个疑团终于被解开了。

吴其浚就这样一面为朝廷做事，一面进行自己的植物学研究。经过几十年辛勤的工作，他收集的资料装了满满几大箱。他开始准备着手系统地整理这些资料，并把它们编成一部大书。他白天处理公事，晚上伏案写作。长期的辛苦工作，使他得了重病。当时他在山西太原作巡抚，为了能在有生之年完成这本书，他给皇帝上书，请求辞官，皇帝同意了他的要求。从此吴其浚更是一心一意、集中精力写作了。吴其浚要做的事太多了，有些植物，自己从未见到过

69

实物，没有亲自观察过、闻过、摸过，只能从别的书里转绘下来。可是他的病却越来越严重，临终前，看着凝聚着自己一辈子心血，却没有时间写完的书稿，他满含热泪地对家人说："这是我毕生的心血，一定要设法把它整理出来，这样我在九泉之下也就瞑目了……"这位具有严谨科学态度的杰出的植物学家，就这样充满遗憾地永远闭上了双眼，离开了他如此热爱的大自然，如此向往的五光十色的植物世界！这时他才58岁。

吴其濬辞世后，陆应谷继任山西巡抚。对于吴其濬的才学和志向很是敬佩，他决心完成吴其濬的遗愿，承担起整理遗稿的重任。两年后，他终于实现了吴其濬的愿望，一部中国19世纪重要的植物学专著出版了。此书分为两部分，一部分名叫《植物名实图考长编》，共22卷，收集植物838种，分谷类、蔬菜、山草、石草、隰草、蔓草、芸草、水草、毒草、果类、木类11类。主要编辑整理了经史子集四部中有关植物的文献，搜罗宏富，并引录了陆羽的《茶经》、欧阳修的《洛阳牡丹记》等文献资料八百多种，是我国古代历史文献中有关植物论述的摘要和汇总。

另一部分是《植物名实图考》，共38卷，所载植物的分布涉及中国的19个省。其中所载每种植物，大半根据吴其濬亲自观察和访问所得，附绘精图，并择要记载了植物的形色、性味、产地、用途等。对于植物的药用价值，以及同物异名或同名异物的考订特别详细，纠正了前人的不少错误。大部分植物图依据新鲜植物绘制，且图形精确逼真，能真实反映植物的特征。此书至今仍是研究我国植物种属及其固有名称的重要参考资料，现在许多植物定名也常常要参考它，比如八角枫、小二仙草、马甲子等植物名称，都源于这部书。

《植物名实图考》是全书的核心和精华，是一部具有世界影响的植物学巨著。许多国家研究植物学和药物学的专家都十分重视这部书。德国一位植物学家曾评价它"刻绘尤极精审"。*1919*年，当再次重印这部书时，许多外国人争相购买和从事研究。这部书不仅让我们中国人，也让外国人看到了中华民族对世界植物学所做的重大贡献。

6. 填补制碱工业空白的侯德榜

侯德榜，著名化工专家，我国化学工业的开拓者，闻名世界的制碱专家。他创造的"侯氏制碱法"，填补了中国制碱工业的空白。他在化工界的杰出贡献赢得了世界的赞誉，曾被选为英国化学化工学会荣誉会员，以后还被授予美国化学化工学会荣誉会员。新中国成立后，先后担任中央财经委员会委员、化工部副部长、重工业部化工技术最高顾问、中国科学技术协会副主任，为新中国化学工业作出了不可磨灭的贡献。主要著作有《天然碱》、《四酸五碱》、《纯碱制法》、《制纯碱工业手册》等。

*1890*年*8*月*9*日，侯德榜出生在福建闽侯县的一个农民世家，字致本。幼年念私塾。*16*岁在姑妈的资助下，到福州英华书院就读，因成绩优秀被保送到上海闽皖铁路学堂学习。*1913*年，以*10*门功课全部满分的优异成绩保送到美国麻省工学院学习化学工程学，*1921*年获博士学位。侯德榜在美国艰苦奋斗八年，学业有成，报国之志更坚定。*1922*年，应范旭东先生邀请，他毅然放弃了在美国的优厚待遇，回国到永利制碱公司工作。

侯德榜留美学习的是制革专业，而且在制革方面已经崭露头角，那篇博士论文备受导师赏识。现在要他放弃制革，另起炉灶，专攻制碱。开始他还有所犹豫，但当他知道资本主义国家对我国碱业进行垄断，牟取暴利，人民无碱，只能啃酸馍为食的现实后，他定下决心，立志为中国人争一口气，制出中国的纯碱来。于是，就义无反顾地接受了永利制碱公司的邀请，踏上了回国之途。

1921 年旧历年刚过，侯德榜就从老家福建匆匆赶到塘沽。侯德榜在永利公司的工地上与范旭东见面。范旭东对侯德榜早已望眼欲穿。现在碱场基建已经全面铺开，范旭东立即委派侯德榜负责建筑、安装、技术等工作。在风雨飘摇的旧中国要建立一个制碱工厂谈何容易。白手起家，很多工作都要侯德榜亲自出马。各种机器设备陆续到位，安装正在紧张且缓慢有序地进行之中。蒸馏塔的安装十分费劲。蒸馏塔是用几个特大铸铁塔圈垒起来的，有 30 多米高，由上千个粗大螺栓加固连接而成。那时我国缺乏起重设备，安装全靠简单的机械和人工，安装工人又缺乏经验。侯德榜在现场指挥工人，齐心协力操作，把 2 吨重的蒸馏塔从地上慢慢抬起来，落实到位，一切安装就绪，他们又进入制碱的试车阶段。

永利制碱公司采用的是苏尔维制碱法。整个工艺流程所用的机械设备，节节相连，形成一个完整系统。全过程分为化盐、吸氨、碳化、煅烧、蒸氨等主要部分，各部分都在正常运行的情况下才能生产。如果有一个环节发生故障，整个生产就要受到影响。公司的技术人员没有制碱经验，对苏尔维制碱法也不清楚，要注意哪些问题，心中无数，因此故障频频发生。首先是蒸氨塔。试车开始，30 多米高的蒸氨塔摆动起来，摆动幅度越来越大，情况紧急，侯德榜急令停车。经检查，原来蒸氨塔开车时，用了浓度较大的硫酸铵溶液，硫酸铵溶液和石灰溶液一接触，就出现硫酸钙沉淀，很快将溢流管堵死，发生故障。其次是进料的速度未控制好。他们调整了硫酸铵溶液的浓度并放慢进料的速度，再试车，这个环节的问题解决了。一个问题解决了，又一个新的问题出现了。这时煅烧炉结疤了，把送碱的绞刀咬住了。侯德榜很快就找到了事故原因，是重碱浓度太大的缘故。侯德榜命令把重碱浓度从 20% 降到 10% 以下，煅烧炉内结疤的问题得以顺利解决了。他们在试车过程中排除了无数次的突发性故障，经历了上百次的现场调查，积累了丰富的经验，为永利制碱公司制碱的成功奠定了基础。

永利制碱公司于 1924 年 8 月初正式开工生产，人们盼望着早日见到中国碱。碱终于生产出来了，但是白中带红，质量与洋碱无法相比。人们的惋惜之情溢于言表。作为总工程师的侯德榜，看在眼里，急在心里。经过冷静的分析，这位化工奇才，很快找到了问题的症结所在。原来产品变红是铁锈所致。当使用焦炉粗氨水为原料时，其中含有硫化铵，硫化铵中的硫离子在整个制碱系统中运行时与塔器和管道的铁壁接触，可在铁器上长出一层坚固的硫化亚铁膜。这层薄膜可使铁壁与介质隔离，铁被保护起来，碱就纯白了。现在改用盐水，缺少硫离子，只要在氨盐水中加入适量的硫化铵之类的盐，碱中的杂色就可以消除。经过实验，碱的颜色果然变白了。在生产的关键时刻，厂里的四台船式煅烧炉相继被烧坏了，生产被迫停工。经过技师们连夜检查终于发现，这四台炉子全是从美国买回来的伪劣产品。范旭东为了彻底解决煅烧炉的质量问题，特派侯德榜去美国考察。侯德榜在美国调研发现欧美各国制碱厂，全部都用回转型外热式煅烧炉，那种船式半圆型煅烧炉早已被淘汰了。侯德榜在美国重新设计，改用先进的回转型外热式煅烧炉。范旭东带领工程技术人员，认真总结经验教训，改革了许多工艺流程和操作技术，永利制碱公司的技术人员和工人们以极高的劳动热情，渴望着再次开车生产。

永利制碱公司于 1929 年 6 月 29 日第二次开车生产。这一天全厂职工沉浸在紧张而喜悦的气氛之中。一切准备就绪，开工、生产、出料。顿时，白似雪、细如面的碱吐珠泻玉般倾泻入袋。工人们情不自禁地捧起一把把白花花的碱，脱口赞颂到：好纯的碱啊！多纯的碱啊！纯碱由此而得名。范旭东、侯德榜那种民族自豪感油然而生，心潮起伏，感慨万千……他们为此付出了多少辛酸，尝尽了多少人间的酸甜苦辣，整整干了八年才降服了这条流水作业的长龙。侯德榜数年如一日，废寝忘食，呕心沥血，奋力拼搏，充分显示了他的奉献精神。用苏尔维法制碱在世界上永利是第三十一家，在亚洲永利是第一家。生产很快稳定下来，产品的质量不断提高，日产量超过 80 吨，从此一举打破了英商的垄断，杀出了一条血路。

20 世纪 20 年代末，美国为纪念建国 150 周年，在费城举行万国博览会。在中国产品的展览位上，一袋雪白的永利纯碱摆放在中央。袋的正面中央印的商标嵌在双环之中，立着的三角上方印有刚劲有力的"中国永利"四个大字，下方是"纯碱"两个大字，显然是国际甲级商品。中国永利制碱公司的"红三角"牌纯碱，荣获大会金质奖章。

侯德榜痛恨帝国主义的技术垄断，决定将用多年心血研究写成的《纯碱制造》一书公布于世。1933 年该书在美国出版，打破了保密 70 年之久的苏尔维法制碱技术的垄断地位。侯德榜的壮举得到中外学者的一致称赞。

抗战全面爆发，日寇看到了永利制碱公司的潜在价值，企图收买范旭东、侯德榜。他们斩钉截铁地说："宁可给工厂开追悼会，也决不与侵略者合作。"永利制碱公司为了抗日救亡，保护中国民族工业免受灾难，决定迁到华西犍为县岷江东岸。为解决华西制碱原料的来源，侯德榜煞费苦心。盐在塘沽堆积如山，贱如沙土，而在华西盐价却相当昂贵。用苏尔维法制碱对侯德榜来说已是驾轻就熟了，没有问题。但是在华西盐价是塘沽盐价的几十倍，苏尔维法的利用率只有 70% 左右。如果再用老办法，每天不仅浪费许多食盐，也浪费了很多资金，对不起劳苦盐工。侯德榜与范旭东反复商量后，决定放弃老办法，另辟蹊径，寻找新的制碱办法。

19世纪后期，欧洲已经开始对苏尔维法进行改造。德国在这方面已经取得了一定的成效。1924年，德国已经研究出察安法制碱。这种新法以碳酸氢铵和食盐为原料，可得纯碱和氯化铵两种产品，食盐的利用率达90%。此法虽然工艺不理想，但它的食盐利用率较高，对华西来说无疑是雪中送炭。侯德榜想搞清察安法，再设法改造完善之。为此他再次赴美考察，不久搞到了察安法专利说明书。针对专利说明，侯德榜决定对新法制碱进行全面试验。经过艰苦的探索，完成了察安法的基础试验，通过层层筛选，全部摸清了察安法的工艺条件。同时他还探索到不用固体碳酸氢铵作原料也可以生产的方法，使试验有了新的突破，取得了理想的效果。1941年3月15日，永利碱厂举行了表彰大会，把新的制碱法命名为"侯氏制碱法"。侯德榜这位勇攀科学高峰的勇士，并没有满足已取得的成绩。他认为新法制碱虽然比察安法有了很大的突破，但还不理想，他要寻找一种更好的制碱法，把制碱工业和合成氨工业结合起来，使制碱技术更加完善。侯德榜反复分析、探索和研究，经过500多次试验，分析了2000多个样品后，探索出一种与察安法完全不同的氨碱联合流程制碱新方法。它的特点是不用碳酸氢铵为原料，而是在盐母液中加氨，送进碳化塔，让碳酸氢钠结晶析出，过滤后将母液降温，加盐析出氯化铵。母液再吸收氨，进入碳化塔，不断循环使用，得到纯碱和氯化铵两种产品，食盐利用率达到96%，使原来无用的氯化钙转化为化肥氯化铵。1943年，中国化学工程学会一致同意将这一新工艺命名为"侯氏联合制碱法"。侯氏联合制碱法把制碱工业与合成氨工业有机结合起来，将制碱技术提高到了一个新的水平。

侯氏联合制碱法为世界制碱技术谱写了新的篇章，在世界反响很大。1943年10月22日，英国化工学会授予侯德榜名誉会员称号。这是英国化工学会自1881年成立以来，获得名誉称号的第十二位有重大贡献的化学家，也是惟一的中国化学家。这是中华民族的荣誉，是中国化工史上最光辉的一页。同年，美国化工学会吸收侯德榜为该会会员。永利制碱公司在化工界有许多成就，中国化工界跻身世界前列，侯德榜功不可没。

新中国即将成立的 1949 年初，侯德榜还在印度指导工作，当友人转来周恩来给他的信后，他排除了种种阻挠，于 1949 年 7 月回到了气象更新的祖国，作为科学家的代表参加了全国政治协商会议。从此他把全部精力投入到恢复、发展新中国化学工业的崭新的工作中。为了祖国的化工事业的崛起，他走遍了大江南北、长城内外。为适应我国农业生产的需要，根据国情，侯德榜不顾古稀之年，还和技术人员一道共同设计了碳化法制造碳酸氢铵的新工艺，为我国的化肥工业的发展作出了巨大贡献。

侯德榜先生既是一名资深科学院部委员，又是一位杰出的园丁，他为我国化学工业的发展培养了一批又一批的技术骨干。他们以侯德榜先生为榜样，为发展我国的化工事业鞠躬尽瘁。

1974 年 8 月 26 日，侯德榜在北京病逝。

7. 两弹元勋邓稼先

在科学技术高度发达的今天，一个国家是否拥有战略核武器已成为衡量他的国防力量的重要砝码，而我国正是为数不多的拥有者之一。中国人任人欺凌的时代结束了。我国物理学家邓稼先为原子弹的研制立下了汗马功劳。

解放前，邓稼先从昆明西南联合大学物理系毕业后远涉重洋到了美国，在印第安纳州普都大学获得博士学位。1950 年同二百多位中国留学生一起，冲破种种阻挠回到祖国，那时他才 26 岁。当这位"娃娃博士"出现在钱三强、彭桓武、王淦昌等刚从欧美各国归来的前辈面前时，大家都为中国物理学界又注入了新鲜血液而感到高兴。

1958 年秋季的一天，当时第二机械工业部的一位负责人找到邓稼先说："小邓，我们要放个'大炮仗'，这是国家绝密的事情，想请你参加，你看怎么样？"接着又严肃地说："这可是光荣的任务啊！"邓稼先心里明白，这是要让他参加原子弹的研制工作。面对这艰巨、光荣、关系重大的事情，他一时不免有些惶恐、胆怯。"啊，研制原子弹！我能行吗？"

这天晚上，邓稼先彻夜未眠。他想到自己将要从事的工作属于国家高级机密，不能告诉家人，以后不可能长年和妻子、孩子生活在一起。他有些惆怅，有些激动，对妻子怀着深深的歉意。但他想，完成这项工作，这一生该多有意义，就是为此而死也值得！"七七事变"时日本侵略军在卢沟桥的炮声，似乎还在耳边回响。一个国家没有自卫能力，必然任人宰割，老百姓没有活头。百余年来受人欺凌的祖国也要研制战略核武器了。邓稼先回忆往事，展望祖国前途，无法抑制内心的喜悦和激动。

从此，邓稼先作为一个在国内外崭露头角的优秀青年物理学家，为了这项绝密的工作而在物理学界销声匿迹了。干这项工作，一没有名，二没有利，只能甘心当无名英雄，做出科学成果也不能发表论文。

作为原子弹理论设计的负责人，他的工作是从改造荒凉的土地开始的。他报到后做的第一件事，是换上工作服当小工，同建筑工人一起挖土，推车，和泥，盖房子，核武器设计院是真真正正地在他们自己手中诞生的。

在这时的中国还没有谁造过原子弹，也就无所谓什么权威。苏联又撕毁了协议，不再援助中国，专家全部撤走，国外的资料也被严密封锁。邓稼先只能先培养人才，他一面备课，一面讲。青年人叫他邓老师，他说："你们甭叫我邓老师，咱们一块儿干吧！"有时，他备课到凌晨四点多，在办公室里睡两三个小时，天亮了继续工作。每天晚上，大学生们都聚集在办公室里看书。邓稼先虽然有妻子，有孩子，但别人学到几点，他也工作到几点。每到深夜，年轻人都愿意送他回家，这时，用铁丝网围着的宿舍的大门早已关了，常常是他先爬过铁丝网，年轻人再把自行车递过去。

又是一个深夜，别人都已进入梦乡，静静的楼里只有他的脚步声。当他走进楼道时，一下愣住了——孩子居然睡在楼道里。一定是妻子上夜班，孩子放学晚没钥匙进不去门。看着孩子那瘦小的身躯缩成一团的样子，他一阵心酸：自己什么时候照顾过妻子与孩子？他打开门，把孩子抱到床上。沉重的自责使他久久不能入睡。可是第二天清晨，他又急匆匆地奔研究设计院而去，什么个人的事、家庭的事都顾不上考虑了。在那些日子里，他的全部心思都在工作上，走在路上还想着原子弹，有一次竟连人带车掉到了沟里。

1964年10月16日下午3时，蓦地一声巨响，浩瀚的戈壁滩上冉冉升起了烈焰翻滚的蘑菇状烟云。这震撼世界的惊雷向人们宣告：中国人靠自力更生，拥有了自己的核力量！

第一颗原子弹爆炸成功之后，邓稼先激动的心情还没有平静下来，一件难度更大的工作——研制氢弹的任务又落到他和其他科技人员肩上。

寒来暑往，年复一年，他带领奋战在研究工作第一线的科技人员忘我地工作，过了整整十年的单身生活。大戈壁上的风刀霜剑，染白了他的鬓发，在他脸上刻下了深深的皱纹。最终，他们成功了。

长年累月的紧张工作，使他的健康状况愈来愈差，而他自己却从不在意，以致多次在试验现场昏倒。1984年冬天，一次核试验前，他从帐篷出来往试验场去，步履艰难地在雪地上走着。忽然，他走不动了，对前面走的人说："你们架我一下，架我一下！"说完，气喘吁吁地趴在了别人肩上。原来，在这之前他已经腹泻了好几天。又加上患有低血糖病，平时虚脱了，吃几块糖，喝口水，又接着工作，这时终于站不住了。

这就是邓稼先，一个默默地把生命献给祖国的人。

8. 陈景润攻克哥德巴赫猜想

"自然科学的皇后是数学，数学的皇冠是数论，而哥德巴赫猜想则是皇冠上的一颗明珠！"这是一位数学老师在一次上课时在讲台上说的一段话。正是这段话引起了讲台下一位学生的深思。他立志要走进数学这座辉煌的殿堂，要亲自看到那美丽的王冠，并且摘取那颗闪亮的明珠。这位正上高中的学生，就是陈景润。

陈景润，1933年出生在福建省一个邮政局职员的家里。父亲因为工作关系，总在外面奔波。母亲是位勤劳善良的妇女，共生了12个孩子，但只有6个活了下来。陈景润在6个孩子中排行第三，上有哥哥姐姐，下有弟弟妹妹。这么多的孩子要吃要穿，像个沉重的包袱压在父亲过度操劳的背上。他们是父亲的累赘。陈景润从小就像一个不受欢迎的人似的生活在家里。他从小不爱说话，没人哄他、逗他玩时，他就喜欢一个人躲在角落里沉思。上小学的时候，瘦小羸弱的他成了别人欺侮的对象，经常挨同学的打。环境使他成为一个内向的孩子，平日里沉默寡言。他不怎么喜欢语文课，一有功夫，就喜欢畅游在数学的海洋里。

一个春天的中午，打过放学铃后，学生们拥挤着走出教室，回家吃饭。陈景润不紧不慢，走在最后。他从书包里拿出来一本刚从老师那儿借来的数学书，边走边看。他眼睛紧盯在书本上，一会儿也不舍得离开，脑子里装的都是书上的内容，别的什么也顾不上想了。那神态，就像一个饥饿的人扑到了面包上，大口大口地吞食着。他只顾专心致志地看着书，沿着那条熟悉的道路下意识地往家走，脚底下却慢慢偏离了方向，不知不觉朝着路边的小树走去。三米，两米，一米，眼看离小树越来越近，他却浑然不知。只听"哎哟"一声，他撞到了树上。幸亏走得很慢，否则，他的额头上非撞出一个鸡蛋大的包不可。陈景润推推眼镜，点着头连连说了好几声"对不起"。他见对方没有动静，以为人家被撞疼了，生了气，抬头仔细一看，原来是棵树。"哎，怎么会走到这里来？"他自言自语地说道。然后，他又捧着书本往前走去。这一幕，被班里的几个调皮鬼看在了眼里。从此，陈景润又多了一则惹别人取笑的笑料。

陈景润升入初中时，抗日战争已经爆发，日本鬼子打到福建，他们全家随父亲逃到一处山区。那时，江苏省的一所大学也从沦陷区迁到这偏僻的山区来了。大学的教授和讲师们也在当地初中兼点儿课。这些老师都很有学问，陈景润从他们那里大受启发。抗战胜利后，他们全家回到福州。不久陈景润就进了英华书院念高中。那里有一位数学老师，使陈景润的人生道路发生了根本的转折。这位老师就是讲本文开头那段话的人，他叫沈元，曾经担任清华大学航空系主任。抗战爆发后，他逃难来到福建。就是这位航空学的泰斗，以他广博的学识、诲人不倦的精神，给陈景润向数学王冠进军的道路铺下了基石。是这位老师，使陈景润知道了什么是"哥德巴赫"，是这位老师唤起陈景润征服数学难题的决心。

建国后，才读完高中二年级的陈景润以优异的成绩考入厦门大学数学物理系。毕业后，他当过中学教师，当过图书管理员，可他心里一直装着那道数学难题——哥德巴赫猜想。他经常撰写数学论文，发表自己独特的见解。中国科学院数学研究所的华罗庚所长读过论文后，觉得陈景润是位有培养前途、值得造就的人才，就把他调到数学所当实习研究员。从此，陈景润向哥德巴赫猜想进军了！

外国人证明（1＋3）（证明过程中的一个步骤）时，用了大型的计算机，而陈景润证明难度更大的（1＋2），却完全用的是纸和笔。他用过的稿纸已无法用页数计算，装成麻袋后足以堆满一间屋子。他的论文写出来，共二百多页。由于论文要求简洁，他又开始了修改加工。这时"史无前例"的文化革命爆发了，中国的大地上，很难放下一张平静的书桌。陈景润本来就很简陋的工作条件更加恶劣了。没有书桌，他趴在床上算；吃不上热饭，就吃冷干粮，喝凉水。这样，一个瘦弱的身躯顽强地向数学高峰攀登着。终于，1973年2月，陈景润完成了对（1＋2）证明论文的修改。

他的论文发表后，震动了国际数学界。在那样恶劣的工作条件下，凭个人力量完成对（1＋2）的证明，简直是个令人难以置信的奇迹。他所证明的这条定理被称为"陈氏定理"。一位外国数学家在给陈景润的信中说"你移动了群山"。是啊，没有愚公移山、锲而不舍的精神怎么能办得到呢？

现在，要摘取皇冠上的明珠只需证明（1＋1），仅仅是一步之遥了，谁能跨越过这最难跨越的一步呢？少年朋友们，你们想知道为什么简单的（1＋1）、（1＋2）还需要证明吗？想知道究竟什么是"哥德巴赫猜想"吗？想跨越最后一步摘取那皇冠上的明珠吗？那么，就鼓起勇气，立下志向，去数学的海洋中搏击风浪吧！

9. 中国运载火箭之父钱学森

钱学森，我国著名物理学家、力学家、火箭专家。*1991* 年被国家科委评为"国家杰出贡献科学家"，受到了党和国家的最高表彰。

钱学森是浙江杭州人。*1934* 年毕业于上海交通大学铁路机械工程专业。*1935 ~ 1938* 年在美国麻省理工学院和加州理工学院航空工程系学习。*1938* 年获加州理工学院航空工程博士学位。

1947 年，钱学森回国，与我国著名军事战略家、教育家蒋百里的第三个女儿蒋英女士完婚。婚后夫妇二人同赴美国。钱学森先后在麻省理工学院和加州理工学院航空系任教授，兼任加州理工学院喷气推进中心哥达特客座教授。

1950 年 *2* 月，美国参议员麦卡锡在参议院提出了臭名昭著的"麦卡锡法案"，企图在全美煽起一股反共的"十字军运动"。此时正值朝鲜战争的激战时刻，为配合战场上的斗争，美国国内经常发生对大学和政府机构工作人员进行审查和威胁的事件。反共"十字军"运动也波及加州理工学院，该院马列主义小组书记威因鲍姆被捕。由于钱学森与威因鲍姆私交不错，因此也受到美国联邦调查局的"审查"。更令钱学森不满的是，*1950* 年 *7* 月，美国政府取消了他参加美国军方秘密研究的资格，并指控他是美国共产党员，还犯有非法入境罪等莫须有的罪名。钱学森再也无法忍受这种污辱，决定返回祖国。

做好必要的准备之后，钱学森马上去晋见主管他的研究项目的美国海军部官员金布尔将军。他开诚布公地说道："我要辞职，准备回国探亲。"金布尔听后大为震惊，一方面好言好语地进行挽留，一方面又做好了其他"必要的准备"。他对海军部的另一位官员说："我宁可把他枪毙，也不能让他离开美国！"他认为钱学森知道的美军机密太多了，绝不能让他回到中国。金布尔马上将这件事通知了移民局。

钱学森做好了回国的准备工作，买好了从加拿大飞往香港的机票，并把行李交给搬运公司装运。正当他们全家准备离开美国洛杉矶时，突然接到了美国移民局的通知："不准离开美国！"没办法，钱学森只得又回到了加州理工学院。此时，他家日夜都有人进行监视。1950 年 9 月 6 日，钱学森突然以莫须有的罪名被捕，拘留在看守所。在此期间，钱学森受到了非人的待遇，15 天内体重减轻了 30 磅。后来他的老师冯·卡门和其他一些朋友募集了 1.5 万美元才把他保释出来。虽然走出了看守所，钱学森仍然没有获得正当的人身权利，移民局不允许他随便离开住宅，还定期、不定期地查问他。

钱学森后来回忆说："在回国前的那几年，我和蒋英时刻备有三只轻便箱子，装上必要的行李，随时准备回国。我们那时租的房子每次只签一年的合同，五年间我一共搬了五次家。"

钱学森要求回国的正义斗争，得到了党和政府的高度重视和热情支持。周总理曾多次做出重要指示，一定要让钱学森平安回到祖国。1955 年 8 月 1 日，王炳南大使在日内瓦中美大使级会谈时特别同美方提出了钱学森回国的问题。经过多次交涉，正义的斗争终于取得了胜利，美方最后被迫同意钱学森回国。

1955 年 9 月 17 日，钱学森和夫人蒋英带着一对儿女乘坐美国"克利夫兰总统号"邮轮离开美国，回到了阔别多年、朝思暮想的祖国。

回国后的钱学森将他的全部爱国热情和杰出才能都倾注在了我国的国防建设上，为我国国防事业的发展做出了不可磨灭的贡献。

1991 年，党和政府授予他"国家杰出贡献科学家"的荣誉称号。这是党和国家对他个人贡献的最高肯定。他获得这一殊荣也是当之无愧的。

10. 卓越的物理学家钱伟长

钱伟长，中国著名物理学家，中科院院士，在力学研究上成果显著。

1912 年 9 月，钱伟长出生于江苏省太湖岸边的一个小村庄。父亲是一名小学教员，母亲是一个善良而又勤劳的农村妇女，整天靠挑花、糊火柴盒、养蚕来挣取微薄的收入补贴家用。钱伟长家有兄妹六人，家庭经济负担很重，很不富裕。钱伟长小时候经常和小伙伴们到处玩耍，启蒙教育并不很好，直到 9 岁时，他才有机会上学。在学校，他刻苦学习，放学后还得帮母亲挑花，挣一点上学费用。15 岁那年，父亲在贫病交加中去世了，这对于这个贫困的家庭来说更是雪上加霜，钱伟长只得弃学在家帮助母亲挑起家庭的重担。但他的一位叔父觉得他很聪明，就这样辍学在家务农太可惜了，于是资助他上了苏州高级中学。

苏州高级中学是省内很有名气的一所省立学校，课程比较全面、数学水平高。在这里，钱伟长第一次接触到了几何、代数、物理、化学和外语。由于以前根本没学过，因此最初钱伟长对这些新鲜的课程兴趣不大，成绩也不好。但学校的老师对他的要求十分严格。在老师的严格要求和同学的帮助下，钱伟长的数理化成绩在中学毕业时终于及格了。

中学毕业的那年，钱伟长凭借自己在文科方面的才华连续考取五所大学。但最后，他却选择了清华大学的物理系继续深造。入学时，钱伟长见到了清华大学理学院院长叶企孙和物理系主任吴有训。吴有训先生把他叫到跟前，不解地问道："你的数理化成绩不够好，而文科成绩却很出色，你为什么要弃文学理呢？"

在外人看来，这的确是一件很令人费解的事。但钱伟长自有想法。他礼貌地回答道："我觉得文学对付不了侵略者的洋枪洋炮。中国要富强起来，必须发展自己的科学技术。"停了一会儿，他又接着说，"我的数理化成绩虽然不好，但我有决心赶上去。"

吴有训教授理解这个年轻人的心情，轻轻地点了点头，像是同意他的看法，又像是赞许他的决心，然后温和地说："那你就先学一年看看吧，如果一年以后，你的普通物理和微积分还达不到 70 分，再改学文科也还来得及"。

就这样，钱伟长走上了科学技术的道路。

钱伟长懂得自己所面临的处境，他奋起直追，在科学的海洋中奋臂前进。在夜深人静的晚上，或是晨光熹微的清早，在教室的灯光下，或者在校园的路灯旁，人们总能看到这个瘦弱的年轻人的身影。一年之后，他的理科成绩终于赶了上来。

1935 年，钱伟长以优异的成绩领到了清华大学物理系的毕业证书。吴有训教授十分欣赏这个年轻人的志气和毅力，招收他为自己的研究生。1939 年，钱伟长拿到了加拿大多伦多大学的公费留学的通知书。刚到多伦多，他的导师就热情地问他："你在国内是学什么的？做了一些什么工作？"钱伟长如实答道："我是学物理的，现在主要研究板壳的统一理论。"导师一听，非常高兴，连声说道："很好，很好！我也一直在考虑这个问题。我们是不是把研究情况交流一下？"

1943 年，由钱伟长和他的导师共同署名的论文《板壳的内禀统一理论》发表在美国航空力学家冯·卡门的祝寿纪念文集上。29 岁的钱伟长的名字，与世界上很多知名学者（包括爱因斯坦等）的名字一起，同时出现在这本文集上，成为该文集最年轻的一位作者，这篇论文使钱伟长获得了博士学位。1942 年的春天，钱伟长从加拿大来到美国加利福尼亚理工大学，在著名物理学家冯·卡门领导的喷射推进技术研究所工作。在冯·卡门的指导下，钱伟长的科研水平迅速提高。

几年中，他在美国的《应用数学》季刊上连载了 12 篇新论文。国际力学界认为这是把张量分析用于弹性板壳问题上的富有成果的开创性工作。这项工作中所提出的浅壳理论的非线性微分方程组被誉为"钱伟长方程"。这一系列研究成果，奠定了钱伟长在世界力学界的地位。

面对鲜花与掌声，钱伟长并没有陶醉。他无法忘记那片养育了他二十几载的故土，总希望有朝一日回到祖国去。当他把自己的想法告诉冯·卡门时，冯·卡门立刻严肃地回答道："你是知道的，我们喷射推进技术研究所是美国极端保密的军事管制单位，他们能够让你离开吗？另外，从学术上考虑，我本人也不同意你走"。

钱伟长觉得冯·卡门说得很有道理，马上明白了自己应该怎么做。不久，他以"探亲"的名义提出回国申请，终于得到了批准。就这样，他搭乘从洛杉矶开往上海的货船，回到了久别的祖国，担任了清华大学的教授。

新中国成立后，钱伟长的研究工作迎来了春天。1954 年，他的著作《圆薄板大挠度问题》终于问世了。这是国际上第一次成功地利用系统摄动方法处理非线性方程，被公认为是最简捷、最经典、最接近于实际的解法，以致于力学家们把它称为"钱伟长法"。这一著作，使钱伟长荣获 1955 年国家科学奖。

1955 年，钱伟长由清华大学的教务长晋升为副校长，此外，他还担任了全国人大代表等二十多个职务。繁忙的行政工作并没有使他放松科学研究。1956 年，他的论文《弹性柱体的扭转理论》发表；同年，他的另一部科学著作《弹性力学》也出版了。

然而，1957 年，他却被错划为"右派"。"文革"期间，他也受到了迫害。但任何艰难困苦都没有使他放松科研工作，他的论文手稿与日俱增。1979 年是钱伟长扬眉吐气的一年，他多年的汗水终于得到了世人的承认。他连续发表了 15 篇科学论文，创造了 1946 年回国后发表论文的最高记录。

"人生的价值在于奉献，而不在于索取。"钱伟长用他的一生对这句话作了最好的诠释。无论是一帆风顺，还是身处逆境，钱伟长从未考虑过向社会索取，而是在科学征途上默默无闻地为社会、为人类奉献着。

11. 杂交水稻之父袁隆平

1979 年 4 月，地处热带雨林的菲律宾首都马尼拉远郊的洛斯巴洛斯镇，这个国际水稻研究所所在地，正在准备召开一次重要的水稻科研会议。中国的水稻专家袁隆平因杂交稻研究成功而有特殊贡献，被邀请在会上作学术报告。

宣读完论文后，袁隆平即席答辩，有专家提问："中国杂交稻制种的异交率高，是通过什么措施提高异交率的？"袁隆平不仅听懂了那位专家用英语所提出的问题，而且用英语清楚准确地作出如下回答："第一，割叶，扫除传播花粉的障碍；第二，进行人工辅助授粉。"

中国专家的论文和即席答辩，令所有外国专家不得不表示满意和敬佩。大家一致公认，中国的杂交水稻研究和推广应用居世界领先地位。

1982 年，在菲律宾国际水稻所召开的学术讨论会上，幻灯不寻常地打出"杂交水稻之父袁隆平"的字幕和他的头像。会场为之欢声雷动，不分民族，不分肤色，到会的世界各国专家学者都一致起立，向袁隆平鼓掌致意！

从此，这位享有"杂交水稻之父"的中国人，不断地被世界各国的报刊杂志介绍。连一些著名的国际水稻研究单位，也都纷纷要求袁隆平前去讲学，传授技术，进行合作研究。袁隆平和他的杂交水稻就这样从中国走向了世界。

袁隆平，祖籍江西省德安县，1930 年 9 月 1 日出生于北京协和医院。

抗日战争的爆发，迫使全家向后方逃难。童年的袁隆平看到日军的飞机，看到死伤的中国百姓，原本爱游泳的他，再也无心下河戏水了。他憎恨日本强盗，为什么中国百姓如此被人欺侮，任人宰割？为什么外国强盗能在中国如此横行霸道？在父亲的影响下，一颗爱国心深深植根于这个幼小男孩的心灵深处。

学生时代的袁隆平从不死记硬背，他喜欢思索，爱提问。在思索中加深对一些基本原理的理解，勤于用脑，善于思索，学习成绩优异，强烈的求知欲，又使他学到了不少书本上学不到的东西。袁隆平不是一个死读书的学生，他兴趣爱好广泛，还积极参加体育锻炼，尤其是游泳。1947 年，17 岁的袁隆平参加湖北省男子自由泳比赛，获得第二名的好成绩。"干任何一件事，都需要有决心和毅力，游泳也毫不例外。"袁隆平也正是常年坚持游泳，以磨练意志和锻炼身体。在游泳时他还曾救过溺水人。

有一次，大家一起参观园艺场，袁隆平对花、草、果、木和大自然的蓬勃生机，对春华秋实的自然规律，都产生了极大兴趣。19岁的袁隆平，义无反顾地报考并考取了重庆湘辉学院的农学系，高高兴兴地跳进了"龙门"。

1953 年临近毕业，袁隆平多少次梦里梦见他留在重庆，高高兴兴地到重庆某农业科研单位去报到。最后，他却不能不响应国家的号召，党的号召：到基层去，到农村去，到最艰苦的地方去，到祖国最需要的地方去。袁隆平服从组织分配，到偏僻的湘西雪峰山麓的安口农校去教书。第一学期，学校缺俄语教师，他就教俄语，不备好课绝不上讲台。与此同时，他还在自学英语。第二年，进入遗传育种教研组，担任植物学、作物栽培、遗传育种等农业基础课和专业课的教学。在教学中，袁隆平教一门，钻一门，爱一门，在实践中锻炼了自己，做到教学相长。

1960 年，罕见的天灾人祸造成了严重的粮食饥荒。袁隆平也同样无力走路，没法安睡，他不能忘记路旁饿死者的尸体，饥荒在威胁着中国，也威胁着人类。"天下兴亡，匹夫有责"，袁隆平从小在这种爱国思想熏陶下，要做一个忧国忧民、热爱祖国、有益于社会的人。在这场遍布神州大地、来势凶猛的大饥荒中，这位农业科研工作者为这沉痛的现实感到深深不安。他从此萌发坚定信念，必须要充分发挥自己的才智，用学过的专业知识，尽快育出亩产过 400千克、500 千克、1000 千克的水稻新品种，让粮食大幅度增产，用农业科学技术战胜饥饿。

20 世纪 50 年代初期，米丘林、李森科的遗传学说在中国很盛行。袁隆平在这些无性杂交、嫁接培养、环境影响等理论指导下，培育出一批有价值的农作物新品种。比如把西红柿嫁接在马铃薯上，地上结了西红柿，地下长出马铃薯。人们对袁隆平的这些试验成果，大加赞赏，记者争相报道，他本人还出席了 20 世纪 60 年代初全国农民育种专家现场会议。

正当别人赞扬他的时候，袁隆平却对自己的"无性杂种"研究提出了疑问。这些年的试验，虽然当年结出了一些奇花异果，但不能遗传给后代。比如把月光花嫁接到红薯苗上，经过短日照处理，月光花红薯"无性杂种"苗苗壮成长，地下果然长出了红薯王，最大的一蔸重达 13.5 千克，地上结出了种子。将这些种子适时播种，地上依然长出月光花，可地下却再也见不到红薯王的奇迹了。从遗传学角度考察这些实验产生的变异，是丝毫没有意义的，它不能遗传给后代。

袁隆平认为：科学是老老实实的学问，是就是是，非就是非，来不得半点马虎和虚假，既不能被别人的赞扬所迷惑，更不能自己哄自己！

通过多年的科学实践，袁隆平对米丘林、李森科的遗传学说中的某些观点提出了怀疑，决定放弃从事多年的无性杂交试验，大胆地去探索新路子。

当时，孟德尔和摩尔根的遗传学说在中国被扣上"资产阶级反动生物学理论"之类的大帽子，受到围攻，袁隆平却认为：对于科学学派之争，不能简单化归为政治问题。他独立思考，相信事实，而不迷信权威。美国遗传学家摩尔根关于染色体变化规律的研究成果，已被科学实践和生产实践证明是符合客观事实的，特别是在指导作物育种方面，实际效果明显。袁隆平被孟德尔、摩尔根的遗传理论深深吸引着，他很想按照其理论去进行新的尝试，去闯一条自己研究水稻高产的路。

1960 年 7 月的一天，下课铃声响过之后，袁隆平来到早稻试验田边，观察着这些正在苗壮生长的早稻。突然他发现了一株形态特异"鹤立鸡群"的水稻植株。这些植株株型优异，穗大粒多，袁隆平几乎兴奋地快要喊出声来，他认为这可以成为好的育种材料。他如获至宝般照管着这株禾苗，等到收获季节收回了一把金灿灿的种子。

第二年春天，袁隆平满怀希望地将这些种子播撒、耕种，可是结果却令人失望：秧苗高矮不齐，禾苗抽穗、扬花、灌浆、成熟期很不一致，没有一株性状超过它们的亲代。

袁隆平很懊丧，可他赞成这样一个公式：知识＋汗水＋灵感＋机遇＝成功。坐在这些分离退化植株的旁边，袁隆平没有被这个失败的实验吓退，他决定再等待机遇，再去找新的材料培育。正要准备离开这些植株时，他突然意识到这些植株可以断定是"天然杂交稻"的杂种第一代！

"机遇宠爱有心人"，袁隆平高兴得像孩子似地跳了起来。他返回田间，再一次仔细分析，调查这些植株的部分性状，详细记载，回到宿舍反复统计运算，证明完全符合孟德尔的分离规律。

善于思考的袁隆平死死抓住"天然杂交稻"这个金子般的宝贵概念不放，追根究底，为自己的研究课题寻找契机。

袁隆平经过反复思考，加之借鉴先进国家的经验技术，选择了一道世界公认的难题去解决。他经过周密、严谨的思考，设计了世界上第一个"三系法"杂交水稻的理论，并决定付诸实践。经过长期辛苦的实验研究，袁隆平终于在杂交稻研究中做出特殊贡献，获得"杂交水稻之父"的称号。

从 1979 年起，随着中美关系大门的打开，袁隆平与杂交水稻的消息迅速传到了美国。袁隆平开始了多次赴美传授、转让他的杂交水稻技术。他被美国专家评价为"把西方国家抛到后面，成为世界上第一个成功利用了水稻杂种优势的伟大科学家"。为了促使两国杂交稻研究的深入发展，1994 年 9 月 10 日，中华人民共和国农业部和美国德克萨斯州水稻技术公司正式签定并批准了共同开发研究杂交水稻的协议。从此，杂交水稻走向世界又迈出了新的步伐。

1981 年，袁隆平因籼型杂交水稻，获国内第一个特等发明奖。

1985 年 10 月 15 日，在中国北京，袁隆平获联合国世界知识产权组织颁发的发明和创造金质奖章和荣誉证书，被誉为"杰出发明家"。

1987 年 11 月 13 日，在法国巴黎，袁隆平获联合国教科文组织 1986 ～ 1987 年度科学奖。这是中国专家首次获得的等级最高的世界性嘉奖。

1988 年 3 月 14 日，在英国伦敦，袁隆平获国际让克奖的奖章、证书和奖金 2 万英镑。这项奖励两三年颁发一次，奖给在粮食食品和光学研究方面有突出贡献的世界各国科学家。

1993 年 4 月 14 日，袁隆平因为解决全人类饥饿问题所作出的杰出贡献，获美国菲因斯特"拯救饥饿奖"，奖金一万美元。

1995 年 10 月，袁隆平获联合国粮农组织设立的"粮食安全保障荣誉奖章"。这是联合国成立 50 周年之际，世界粮食组织奖励为世界粮食生产作出突出贡献的科学家而设的奖励，全世界获此殊荣的仅 6 人，袁隆平成为亚洲的惟一获奖者。

随着杂交水稻在世界各国的试验育种，杂交稻已引起世界范围的关注，袁隆平也因此获得了许多的大奖。可是他并没有被这些荣誉淹没，仍然在他的研究所里，一步一个脚印地、实事求是地继续进行着他的杂交水稻研究，继续为解决人类的饥饿问题奉献着自己的力量。

12. "抗非英雄" 钟南山

钟南山，中国工程院院士，他是近十几年来推动我国呼吸疾病科研与临床医疗走向世界前列的杰出领头人之一。

2003 年新年刚过，一场突如其来的灾难向人们悄悄袭来。从天而降的疫情让所有的人猝不及防，一时谣言四起，有关广州流行夺命肺炎的传说迅速传播，一时间整个广州城人心惶惶。广东省卫生厅紧急召开新闻发布会，中国工程院院士钟南山出现在这次会议上，他以学术泰斗的权威身份和从容笃定的自信，赢得了人们的信赖。他的这次露面帮助政府维护了社会理性和稳定。随着病情的愈演愈烈，大批的医护人员纷纷倒下，"非典"极强的传染性让许多人谈非色变，惟恐避之不及。此时钟南山却做出了一个让人吃惊的决定，他主动向省卫生厅请战，要求把最危重的病人全部集中到他的研究所来。这淡淡的一声，无异于平地惊雷般的"向我开炮"。他说："在我们这个岗位上，做好防治疾病的工作，就是最大的政治。"

5 月 28 日，钟南山应邀在全美胸肺学会（ATS）上作了《中国重症急性呼吸综合征（SARS）发病情况及治疗》的专题学术报告，他专业、开放、实事求是的态度，有理有利有节的辩论风格，引起美国主流媒体的关注。著名的 CNN 电视台在《今日美国》中评论"中国大陆的 SARS 发病率已经明显下降，令人鼓舞"。钟南山的努力，使国际社会对中国疫情有了一个客观公正的认识。

钟南山不仅医术精湛、医德高尚，他尊重科学、实事求是、敢医敢言的道德风骨和学术勇气更令人景仰。他不唯上，不信邪，敢担责任。紧要关头，他勇敢地否定了有关部门关于"典型衣原体是非典型肺炎病因"的观点，为广东卫生行政部门及时制定救治方案提供了决策论据，实践证明钟南山据理力争是有科学依据的。广东省决策层采纳了他的意见，并坚持和加强了原来的防治措施。钟南山领导的课题组提出了一套行之有效的救治方法，大大提高了广东地区"非典"危重病人的成功抢救率，降低了死亡率，且明显缩短了病人的治疗时间。世界卫生组织派出的专家组认为：以钟南山为首的广东专家摸索出来的治疗经验，对全世界抗击非典型肺炎有指导意义。

　　钟南山对医学认真负责的态度让患者敬佩不已。8年前，阿琼反复咳嗽、气喘，吃了很多药也不行，病越来越重，后来慕名找到了钟南山。根据阿琼的病史和症状，钟南山给她做了哮喘检查，结果呈阳性，一般而言，诊断应该已经明确，剩下的就是对症下药了。而钟南山却不放心，继续细心地观察了一段时间，终于从一个细微的症状里发现了新问题，怀疑是气管肿瘤。为确诊，钟南山亲自为她做了支气管纤维镜检查。病情得到证实后，钟南山又亲自安排了医生手术，术中一看，好险，那隐蔽得很好的肿瘤竟已堵住气管的五分之四，什么时候堵满了，阿琼什么时候就没了。阿琼深情地说："钟教授的过人之处岂止在于他的医术，他对病人的高度责任心和对病人的爱心，同样常人难及。"

　　钟南山是一个求实严谨的科学工作者。早在留学英国的时候，他决定开展关于吸烟与健康问题的研究。为了取得可靠的资料，他让皇家医院的同事向他体内输入一氧化碳，同时不断抽血检验。当一氧化碳浓度在血液中达到15%时，同行们都不约而同地叫嚷："太危险了，赶快停止！"但他认为这样还达不到实验设计要求，咬牙坚持到血红蛋白中的一氧化碳浓度达到22%才停止。实验最终取得了满意效果，但钟南山却几乎晕倒。要知道，这相当于正常人连续吸60多支香烟，还要加上抽800cc的鲜血。

　　从医以来，钟南山先后取得了国家、省市各级科研成果20多项，其中国家级科技进步三等奖一项，部省级科技进步二等奖各一项，三等奖一项，在国内外医学杂志发表论文70多篇。他和他的同行们在这个专业的突出贡献，奠定了我国呼吸疾病某些项目的研究水平在亚太地区的领先地位。用"著述等身"、"声名显赫"来形容钟南山的成就一点也不为过。但这位68岁的老人，仍然对他的事业保持着炽热的追求，在科学的殿堂上坚持创新、永不停步。

多年来，钟南山"奉献、开拓、实干、合群"的精神被同志们亲切地誉为"南山风格"。1997 年 1 月 15 日，中共广州市委授予他"模范共产党员"的称号。2003 年，作为中国抗击非典型性肺炎的领军人物，在非典型肺炎猖獗的非常时期，钟南山不但始终在医疗最前线救死扶伤，还积极奔赴各疫区指导开展医疗工作，倡导与国际卫生组织之间的密切合作，因功勋卓著，荣获全国"五一"劳动奖章，同时被广东省荣记特等功，被广州市授予"抗非英雄"称号。2004 年 4 月 8 日，又被授予国内卫生系统的最高荣誉称号——白求恩奖章。

13. 走在世界前沿的黄伯云

黄伯云，1980～1986 年在美国爱阿华州立大学获硕士、博士学位，随后进入美国田纳西大学和橡树岭国家实验室从事博士后研究工作，1988 年回国。1997 年 7 月出任中南工业大学校长，2001 年 12 月任中南大学校长。1999 年 11 月当选为中国工程院院士。2005 年 3 月，国家主席胡锦涛亲自将连续 6 年空缺的国家技术发明一等奖授予黄伯云，以表彰其对"高性能炭/炭航空制动材料的制备技术"的发明工作所做的杰出贡献。

1964 年，来自洞庭湖畔的黄伯云以优异成绩考入中南矿冶学院特种冶金系，迈出了成就科学家梦想的第一步。可是大学才读了一半，"文化大革命"开始了。他渴望读书，渴求知识，但又怕打成"白专"典型，只好躲进图书馆、躲到校园后的岳麓山、躲回老家去

读点书。1969年毕业后，留校从事科研和教学。当时，他选择稀土磁性材料为研究方向。这项研究不仅具有重要的理论价值，而且对国家的经济建设和国防事业有着十分重要的实用价值。他与同伴们克服了条件差、经费不足等困难，日夜奋战，主持研制了钐－钴和铈钴铜铁粉末冶金材料，并成功应用于我国人造卫星的关键通讯器件中，受到中共中央、国务院、中央军委的嘉奖。

科研的首次成功，不仅使黄伯云从此与新材料结下了不解之缘，而且增添了他献身祖国科技事业的信心和决心。1978年，他以学校总分第一名的成绩考取出国研究生，经过一年多的培训后，于1980年留学美国。在美国的8年里，他先后完成硕士、博士和博士后的学习，相继发表10多篇有重大影响的学术论文，受到美、日、法等国科学家的高度评价。1988年，黄伯云完成博士后研究工作后，美国一些大公司、大学和科研机构争相高薪聘请他去工作，并许诺帮他及全家拿到"绿卡"。当时，他的妻子和女儿都到了美国，女儿渴望继续在美学习。面对着祖国和个人利益的选择，黄伯云说："我的根在中国！"1988年5月，黄伯云义无反顾地回到岳麓山下的母校中南工业大学。

回国后，黄伯云把研究目标锁定在当今世界航空制动领域最先进的材料——炭/炭航空制动材料的研制上。飞机的起降和滑行离不开刹车副。目前，国际上使用的航空刹车副有金属盘和炭/炭盘两种，用炭/炭复合材料制造的炭盘，具有重量轻、性能好、耐高温、寿命长等特点，使用寿命是金属传统材料的4倍，重量是金属传统材料的1/4，被西方国家称为"黑色的金子"。20世纪80年代中期，美、英、法三国已生产出该材料，垄断着生产制备技术。多年来，我国大量的飞机依靠进口。这些飞机所采用的炭/炭复合刹车装置是消耗性器材，全部依赖进口，每年国家要花费大量外汇，而且还得受制于人。

　　尽快掌握高性能炭/炭航空制动材料的制备技术，成为国家急需解决的重大技术课题，也牵动着中南工业大学一批教授、专家的心。1986年，当时的中南工业大学粉末研究所就着手这一重大技术的准备工作。

　　黄伯云率领的课题组成员咬紧牙关，查阅了大量的与炭/炭复合制动材料密切相关的文章、资料。当时，世界制造炭/炭复合材料的生产都是采用均温式炉。炭/炭复合材料的工业生产实验炉，究竟是采用均温式炉，还是梯度式炉？均温式炉，设备简单，沉积速度慢，已经明显落后，但它是一项成熟的技术。热梯度炉，当时只能应用于航天制动材料，不能用于生产航空制动材料，但它容易应用于工业生产。采用它，存在巨大风险。经过反复的权衡，黄伯云觉得作为一个科技工作者，应该以国家利益为重，抛开个人得失，敢于为祖国的强大进行技术创新！他说："发现人家的技术并不是最先进的，还要跟着人家后面走，即使成功了，只会永远落后。为了国家，我们要敢于技术创新，敢于冒险，即使失败也在所不惜。"

　　到了1996年，经过无数次试验，黄伯云们终于完成了"高性能炭/炭航空制动材料制备技术"的实验室基础研究，但他并不满足。在黄伯云看来，科研成果只有转化为产品，真正地为国家所用、为人民造福，科学家才是完整意义上的科学家。

　　从实验室到工业化试验，从小样品到大样品，课题组必须付出更多的智力和精力，经历更加艰难的实验过程。2000年9月，在模拟飞机多种着陆状态过关后，中止起飞试验中刹车片温度急剧升高，摩擦系数下降得很厉害，课题组在最后关头的试验失败了。实验失败后的那段时间，被黄伯云称作是最黑暗、最痛苦的日子，但他很快就从失败的阴影中振作起来，他意识到，这个试验的意义并不在于个人的成败得失，更重要的是国家航天航空战略安全的需要。一遍遍地推倒重来，一项项检查、一点点琢磨，改进工艺、添加新的材料……一年多后，成功终于降临，黄伯云终于让无数个看不见、摸不着的炭原子听从指挥，有序排列，形成了完整的"高性能炭/炭航空制动材料的制备技术"。

2003年9月20日，大型民用飞机上的试飞试验全部完成，中国飞机依赖进口刹车片才能"落地"的历史被改写了。与国外同类产品相比，中南大学研制成功的炭/炭刹车副使用强度提高30%，耐磨性提高10%，综合成本降低21%。而且在此过程中，共形成11项国家专利，其中已授权9项，同时研发了拥有自主知识产权的6大类30多台套成套关键工艺设备。

14. 李杲倡导"脾胃学说"

李杲（1180—1251）字明之，南宋真定（今河北省正定县）人，晚年自号东垣老人。是中国古代金、元之际的杰出医学家。

李杲勤奋好学，勇于探索，对《内经》、《难经》等古典医学书籍都认真学习，并作了深入的研究，获得了丰富的实践经验，对中医学理论有较深的造诣。他一生除了深入研究医学典籍，精心习医和忙于诊务外，还著有《伤寒令要》、《兰室秘藏》、《内外伤辨惑论》、《脾胃论》等医学著作，特别是《内外伤辨惑论》、《脾胃论》两书，对中医学术的发展影响很大，受到后世医家的广泛重视。

李杲富有创造精神，师古而不泥古，不墨守成规。对前代医家的学说，总要在亲身实践中加以检验。他结合自己几十年的医疗实践，创造性提出了"脾胃学说"。他认为人体的强壮康健，各个组织器官的活动功能，都必须有相应的营养物质作为基础。而机体各种营养物质的来源，最重要的是依赖"脾胃"的不断摄取，和消化饮食物转化而成。因此一旦脾胃功能受到伤害，就要发生疾病。体质虚弱的人在患病之后，由于脾胃功能低下，机体所需要的各种营养物质生化无源，机体各组织器官也相应低下，协调作用也差，治疗就比较困难，并能使疾病转成慢性疾病。所以他创造性地提出了人以脾胃为本和"内伤脾胃，百病由生"的学术观点，在治病用药方面强调调理脾胃。这种学说，对于"头痛医头，脚痛医脚"的机械治病方法无异是一种批判。

李杲对导致脾胃功能受损，造成体质虚弱的原因归纳为劳役过度，饥饱失常、寒温不适和长期的过度精神紧张、恐惧。这种把精神情感方面的变化作为发病重要因素的观点，不仅在当时是一个重大发展和突破，而且从现代发病学的观点看，也是很值得重视的。

现在不少医家、医著、科研单位，不仅注释了李杲的《脾胃论》等医学著作，而且在研究脾胃的生理、病理现象方面也更加深刻了。但追根溯源，还是在《脾胃论》等理论的基础上发展和深化的。

李杲之所以能取得如此重大的医学突破，是和他一丝不苟，刻苦钻研的探求态度密不可分的。他对每一病例，都深究始终，并且进行了大量的记录。《脾胃论》一书，是他在去世的前两年写成的。当时他是年已古稀的人了，并且身体特别虚弱，尽管如此，他仍然不舍昼夜地翻阅书籍和整理浩繁的医案，着实有些"烈士暮年，壮心不已"的劲头。《脾胃论》是他一生心血的结晶，也是他执著探求精神的凝聚。

15. 宋慈与《洗冤集录》

宋慈（约 1186—1249）字惠父，建阳（今属福建）童游里人，是南宋著名的法医学家。

宋慈自幼勤奋攻读，好学不倦，善于推理，长于思辨。入太学后，成了理学家真德秀的学生。宁宗嘉定十年（1217），宋慈登进士第。他曾任长汀县令，当时长汀一带盐价昂贵，贫民无力食盐，贫民们时常为了生活，铤而走险，猎取私盐。针对这种情况，宋慈认为，盐价昂贵的主要原因是运途远、运价高，于是，他改变了运盐的路线，直接从广东潮州起运，节省了大量的运费，从而降低了食盐价格，杜绝了贫民赌命猎取食盐的行径。端平二年（1235），宋慈被任命为邵武军（今属福建）的通判，不久又改任南剑州通判，当时浙西闹饥荒，一斗米价值万钱，宰相李宗勉向宋慈征求如何救济的意见，宋慈认为，豪门大户，隐匿户口来逃避国家的税收，并且整天在家里囤积粮食，以备谋取暴利。这样，贫苦的百姓不仅要为豪门大户承担税务，还要高价去购买大户的粮食，所以就倍受饥荒之苦了。他主张把民户分为五等。第一等民户要一边免费救济贫民，一边把粮食平价卖给贫民，第二等民户可直接把粮食平价卖给贫民，第三等民户可保持原状，第四等民户可接受救济贫民粮食之半，第五等贫民，可完全接受救济，这些民户的救济粮由官府发给。实行的结果很好，大家都愿意奉命而行，百姓很少有挨饿的。宋慈逢事总愿不断地思索直到考虑出比较完善的对策才罢手，因此，不管遇到多么棘手的问题，他都能给予妥善的处理，在他为官处理政务的过程中，这种执著的求索精神一直在发扬着。

嘉熙元年（*1239*），宋慈充任广东提点刑狱（官名，掌司法事务）。这是宋慈四任提刑中的第一次。宋慈一到任所，就调查研究，注意如何解决存在的问题。他认识到清理多年不断的积案，是身为提点刑狱这样的监司大员施行职权的当务之急。当时广东由于长期以来官吏多不奉公守法，所以监狱中有很多被囚禁多年而没有得到法律公断的人。宋慈立下规约，审阅处理，限期清除积案。最后，经过了 *8* 个月时间，解决了 *200* 多待决之囚。同时，他以监司的身份，深入下层，详细调查，询问隐情，到处为那些蒙受不白之冤的人雪冤，禁止扰乱治安的违法行径。经过了一段时间，宋慈又从广东移至江西，任江西的提点刑狱，兼任赣州的知州，解决了江西、福建、广东之间边境上的武装贩盐问题，使这些地区道路通畅，秩序安定。南宋政府还把宋慈所行关于处理食盐的办法颁下浙西诸路，作为效仿的模范。

宋慈在长期担当提点刑狱的监司重任中，多年如一日地谨慎处理各种狱案。他认为"天下没有比保护生命更重要的事情，没有比死刑更严酷的刑罚，在有关死刑的案件中，没有比究查初情更值得重视的"。他处理每一件案子，事先都把案子前前后后的情况摸个一清二楚，一人的证词要反复核实，出之众口的供词，也要加以反复核实，凭确凿的事实，依法断案，而不单凭现有的供词与律条的简单对应来定案。因此，在深究严察的过程中常常使那些幕后的身为豪门大姓的人受到法律的制裁，也常常使已结多年的冤案重新昭示于世。金钱的诱惑他不动心，恶相的威胁和繁琐的案情他不畏难，他关注的是断案的公正，他极力探求的是案情的真实面貌。他每审理一案，都审之又审，不敢使自己产生一点漫不经心的轻视情绪。

他根据自己在四任提点刑狱期间多次的审案和执法检验时的现场经验，综合了《内恕录》等数种专书，于 *1247* 年写成了《洗冤集

101

录》一书。全书共五卷，卷一载条令和总说，卷二验尸，卷三至卷五载各种伤、死情况。《洗冤集录》记述了人体解剖、检验尸体、检查现场、鉴定死因、自杀或谋杀的各种情况、各种毒物和急救、解毒的方法等十分广泛的内容。书中对于自杀、他杀或病死的区别十分注意，案例详明。如对溺死与非溺死、自缢与假自缢、自刑与杀伤、火死与假火死等都详细地加以区分，并列述了各种猝死情状，书末附有各种救死方，这部书中所记载的女洗尸、人工呼吸法、夹板固定伤断部分、迎日隔乎验伤、以及银针验毒、明矾蛋白解砒毒等等都是符合科学道理的。此书后来成为后世法医著作的主要参考书。自晚清以来，逐渐传到国外，译成将近十种文字，成为世界伟大的和最早的法医著作。

《洗冤集录》这部世界著名的法医学专著是宋慈严谨求实，不断探索取得的，他知难而进，探流索源的意志和精神是值得我们学习的。

16. 郭守敬一生不懈地钻研求索

郭守敬（1231—1316）字若思，河北邢台人。他是元代杰出的科学家，一生研究出大量的科学成果，在中国乃至世界科学史上占有重要位置。

郭守敬从小刻苦学习，遇事善于思索，勤于实践。在他十五六岁时，他得到了一份古人用仪器观测到的日月星辰景象的"璇玑图"，他被吸引住了。他不但认真地阅读了这份图，还亲自动手用竹篾制造了一台浑天仪，修了一个安放这个浑天仪的土台，直接观测天空星辰的位置。

后来，郭守敬以其才学得到了元朝统治者的重用，郭守敬负责仪器制造和天文观测。首先，他和王恂等人亲自主持了编订新历的工作。经过多年辛勤努力，1280 年，新历告成，被定名为"授时历"，并于次年正式颁行。郭守敬在负责仪器制造过程中，对旧的天文仪器逐一进行检查，并与工匠配合，研制成了十多种天文仪器，其中有许多仪器在当时世界都是居领先地位的。

圭表测影技术，在当时有了明显的进步。为了克服表端的影子因日光散射而模糊不清的问题，郭守敬创用了 4 丈高表，为传统 8 尺圭表的 5 倍。自北宋起，制造的浑仪特别多，为了测量各种不同坐标值的需要，浑仪上增设了越来越多的环，其固定的装置，有地平、子午、天常等环，能够旋转的环有白道、赤道、黄道环等。以致八九个圆环遮掩了很大的天区，使用起来很不方便。并且这样多的环放在一个共同的中心上，校正起来也很困难。北宋的沈括取消了白道圈。郭守敬借鉴了沈括的做法，在沈括的基础上，又取消了黄道圈，并创造性地设计和制造了著名的简仪。简仪改变了测量三种不同坐标的圆环集中装置的方法，把它分解为两个独立的装置（即赤道装置和地平装置），从而简化了仪器结构，保留了四游、百刻、赤道、地平四环，增加了立运环。这样，除了北天极附近的天区外，对绝大部分天区，一览无余。郭守敬又在窥衡两端圆孔中央各置一线，增加了观测的准确性。为了观测赤经差，又在赤道环面上安装了两条界衡，界衡两端用细线极轴与北端连接。这样测量的精确度又大大提高了。郭守敬还在赤道装置上放置一个候极仪，使候极仪轴线和极轴平行，可以随时校正赤道装置。他又将一个固定的地平环和一个直立可转的立运环以及窥衡构成的一个地平装置。这是中国天文仪器中第一次出现的一个独立的地平经纬仪结构，能同时测量地平经度和高度，当时称之为"立运仪"。

　　郭守敬是一位著名的天文仪器设计制造家。除了圭表、简仪、立运仪以外，著名的还有用于观测太阳位置的仰仪、可以自动报时的七宝灯漏、观测恒星位置以定时刻的星晷定时仪以外及水运浑象、日月食仪、玲珑仪等。仰仪是根据和利用小孔成像原理，在一坐仰放着的中空半球面仪器内用十字杆架着一块有小孔的板，孔的位置正在半球面的中心。太阳光经过小孔，在球面上就形成太阳的倒像。从球面上刻的坐标网立刻可以读出太阳的位置和当地当时的真太阳时。而当日食时还可以观测日食的食分、各食象发生的时刻及日食时太阳所在的位置。对月亮和月食也能进行类似的观测。这块有小孔的可以转动的板称为璇玑板，它很可能就是用来检验交会的日月食仪。郭守敬的杰出创造，把我国古代天文仪器的制造推到了一个新高峰。

　　郭守敬还是一位著名的天文观测家，除了对恒星位置进行观测外，郭守敬还组织了一次空前规模的测地工作，在北京、太原、成都、雷州等27处设立了观测所，测量当地纬度，由南海到北海（15°—65°），从西沙群岛至北极圈附近，每隔10度设一观测台，测量夏至日日影长度和昼夜长短，观测站数比唐代多了一倍，获得了丰硕的成果。对于一系列天文常数也都进行了测量，如1280年冬至时刻的精密测定，测定当年冬至太阳位置，测定当年冬至月离近地点距离，测当年冬至月离黄白交点距离，测定二十八宿距星度数（精度比北宋时提高一倍），测定北京二十四节气日出日入时刻，等等，也都取得了重要成果。

　　郭守敬还是一位政绩卓著的水利工程专家。他曾主持了若干重要的水利工程，如修复唐来、汉延等渠，增辟大都水源，修浚通惠运河等。其中唐来渠，汉延渠等都在黄河上游，唐来渠全长400里，汉延渠全长250里，及其它大小渠道，其溉田9万多顷，对西北地区的农业生产发挥了重大的作用。他在渠口设滚水坝，又设若干退水闸，这是一套比较完善的闸坝设计方式。郭守敬还在大都西北设计修筑了长 30 公里的白浮堰以解决通惠河的水源问题；并修建闸门和斗门若干座以维持通惠河的水位，从而保证了来往船只的通航。在这些水利工程活动中还充分表现出郭守敬也是一位杰出的地理学家。他的水利工程设计都是以他自己的实际地理勘测资料为基础的，他曾对今河南、山东一带黄河附近几百里的区域进行过细致的地形测量，绘制了多幅地图。他曾经亲自上溯黄河，考察河源。他还发明了以海平面为标准来比较大都和汴梁地形高下之差的方法。这是地理学中一个重要概念——"海拔"的始创。他在通惠河上游河道路线选择中所表现出来的对于地形测量的精确性至今还引起学者们的赞赏。

郭守敬一生不懈地钻研探索，取得了丰硕的科学成就。他在天文和水利等方面的研究中，勇于实践，注重实测，大胆创新，对推动中国科学技术的发展做出了巨大的贡献。郭守敬以其重大的科学贡献为中华民族赢得了荣誉。

17. 王祯研究成果甚丰

王祯，字伯善，山东东平人。是元代杰出的农学家，也是印刷技术的改进者。

王祯少年时，边学习，边从事农业生产劳动。他对有关农业生产的知识和技术有较为浓厚的兴趣。后来做了官，也仍然关注着农业生产的情况。元贞元年至大德四年（1295—1300），王祯在旌德、江西永丰任县官时，提倡农桑，注意公益。一有闲暇时间，不是从先代典籍中收集有关农业生产及农械革新的材料，就是到田间观察庄稼的长势，到百姓家询问农业生产的具体情况。他主张要注意改良品种，改革农具。他认为，如果不在改进农业生产技术方面多下工夫，单是被动地接受天时、地利，要想提高粮食产量是很难的，如果不能积累粮食，遇到荒年歉收，百姓就要受饥饿之苦，那些到了死亡边缘的贫民，为了生存就会铤而走险，攻打官府，抢掠财物，到那时，要再想恢复安定的社会秩序，就要花十倍的气力了。因此，他把抓农业生产作为治理地方的关键。他综合了黄河流域旱田耕作和江南水田耕作两方面的生产实践经验，并结合自己对农业生产的认识和体会，写成了22卷约30万字的农业生产著作《农书》。

　　王祯的《农书》分为三部分："农桑通诀"是总论性质，论述了农业生产发展的历史，基本思想是"以农为本"，综合天时、地利、人事方面的有利因素来发展生产。它概述了耕、耙、种、锄、粪、灌、收等农业生产的几个环节，以及泛论林、牧、纺织等有关技术和经验。"百谷谱"谈的是栽培技术，是农作物栽培各论的部分，分项叙述了各种大田作物，以及蔬菜、水果、竹木、药材等种植、保护等栽培技术以及贮藏和利用的方法。"农器图谱"篇幅最多，约占全书的百分之八十，是本书的一大特点。"农器图谱"是在宋代农器记载基础上的进一步记录。共附图306幅，无论在数量上还是质量上，都是空前的。不仅当时通行的农业机械形象被记录下来，甚至古代已经失传的机械也经研究绘出了复原图。如西晋刘景宣的牛转连磨，一牛转八磨，东汉杜诗的水排等，王祯还在描绘的水排图中将皮囊鼓风改绘成当时通行的"木扇"，这为我国木风扇的出现提供了一个有力的佐证。《农书》还描绘了当时处于世界领先地位的农村所用的若干机械，如32锭水力大纺车，以及3锭脚踏纺车（棉纺），5锭脚踏纺车（麻纺）等。"农器图谱"展示了中国古代农业生产器具方面的卓越成就，后代的农书和类书所记农具的大部分都以《农书》为范本。王祯编著《农书》，是为了帮助和指导农业生产，这也是他一生对农业生产研究和探索的结晶。

王祯由于对农业机械的改进很有兴趣，渐渐地也变得关注其它方面的机械革新。不管哪个方面，王祯只要感兴趣，就一丝不苟地去钻研它。自北宋平民毕升改进印刷术后，泥活字印刷便开始推广，到元代时已有了木活字。王祯看到排版者一范一范地摆字，很麻烦，他就想如果能用机械辅助，那将是事半功倍的事，经过反复琢磨和亲身实践，他设计制造出一种轮转排字架，活字依韵排列，排版时排字者坐着转动轮盘，就能找到需要的字。大德二年（1298）曾利用王祯发明的排字架排印了《旌德县志》。王祯还编著了《造活字印书法》，并将其附载在《农书》之末，这是最早地系统记载并叙述活字版印刷术的文献。

王祯关注农业生产，对农业生产的经验和技术进行了认真的钻研和探索，并依此而旁及其它方面，不仅在农业生产技术方面取得了成就，也取得了其它方面的研究成果。他的事迹告诉我们：自然科学的各方面是有着特定的内在联系的，只要执著地去钻研，很可能获得多方面的成果。

18. 黄道婆是纺织革新家

黄道婆，又称黄婆，松江乌泥泾镇（今上海县华泾镇）人。她是元代杰出的女纺织技术革新家。

黄道婆出生于一个贫苦的劳动者家庭，很小就帮助母亲纺棉织布，练出了一套好手艺。她听过母亲讲的很多神话故事，幻想能得到一台神仙赐给的织布机，要织多少，就能织多少。这样，就能减轻母亲的劳作，也能帮助邻居们。

幻想终归是幻想，神仙没有赐予什么织布机，生活倒是一天比一天困苦了。家庭生活实在维持不下去了，便给一个姓赵的人家当了童养媳。婆婆是个守财奴，整天让小小的她干重活，天真没有了，幻想没有了，有的只有疲倦和不尽的伤心。她忍受不了非人的待遇，逃到了尼姑庵，得名黄道婆。以后她几经周折，到了海南，跟黎家姐妹们学习先进的纺织技术，自食其力。就这样，黄道婆在海南生活了 30 年。

落叶归根，人思故土。尽管黄道婆幼年在故乡历尽了辛苦，但还是时刻不忘养育她的故土和乡亲们的困苦生活，决心回家去。

回到家乡的时候，父母早已过世，恶婆婆和丈夫也迁居到外地了。她决心把海南黎族先进的纺织技术传给大家。她找到工匠按着海南的纺织机的样子，先做了一台"轧花车"。"轧花车"制好后，投入使用，车轮一转果然脱出了棉花籽。可是轧过的棉花中还夹着许多棉籽。她反复琢磨，终于弄明白了，原来海南黎寨的是木棉，棉花桃大，棉花籽也很大，而家乡的棉桃小，籽也小。她经过多次试验，制成了一种新的"轧花机"，这种"轧花机"能将个小籽小的家乡棉桃中的棉籽全部轧出，一天能轧出七、八斤棉籽，工作效率提高 4 倍。她为了使每台弹棉机每天弹出更多的棉花，改进了弹棉机，把一尺长的弹棉竹弓改成绳弦大弓。操作起来，既省力，又比从前弹的棉花多。在平时生活中，她发现劳动时手的用途比脚和腿的用途多，而且具体的操作都在手上。于是她想，如果能将手的操作改为脚的操作，就能腾出手来，将手运用到别的操作程序上，从而大大提高劳动效率。后来她把单锭手摇纺车改为多锭脚踏纺车……这一整套技术的改革及成果的应用推广，使松江一带的棉纺织业有了进一步发展，所出织物——"乌泥泾被"等，行销远近，成为江南棉纺织业中心。时有"淞郡棉布，衣被天下"之谚。黄道婆死后，乡人怀念她，尊她为黄娘娘，建有"先棉黄道婆祠"。人们怀念她，是因为她的热心，她的探索，给人们带来了幸福。

19. 吴又可专攻温病

吴又可，又名吴有性，姑苏洞庭（今属江苏苏州）人，生活在大约 17 世纪上、中叶，明末医学家，温病学说形成的奠基人。

明朝末年，战乱频仍，疫病流行。崇祯十四年（1641），吴又可亲自见到疫病在山东、江苏和浙江等省猖獗流行，很多人都染上了病，有的甚至全家都染上了病，一条巷子里一百多家，没有一家幸免，一家数十口人，没有一人活下来。当时，不少医家出于职业道德，热心地为病人治病，可是却错误地用治疗伤寒的方法来治这种疫病，结果白白死掉的人难以计数。事情过去很长时间，他还每时每刻深感那些可怜的病人没有死于疫病，反而死于医家之手的沉痛教训，决心对温病的成因、传染途径以及平日用过的验方作深入仔细的研究和探索。

吴又可对先代医家的医学著作钻研之余，还经常冒着患病的危险亲自到传染病发生的地区进行采访、调查，并将所获得的第一手资料进行分门别类的研究。日积月累，积累了比较丰富的认识温病和治疗温病的经验。

吴又可是一位实事求是、一丝不苟的人，他反对因循守旧，富有革新思想。他认为先代医家张仲景虽写了《伤寒论》，可是只是针对一般外感风寒的，和瘟疫迥然不同。对于传染病的病因，他认为

"既非风寒所致，也非湿热造成的，而是天地间一种不同寻常的气导致的"。对于所谓的"异气"，他又称为"戾气"，或"杂气"。他认为"戾气"的种类很多，只有某一种特点的"戾气"才能诱发出一种特定的疾病。他还进一步肯定"戾气"又是疔疮、痈疽、丹毒、发斑、痘疹之类外科和儿科病症的原因。这种把传染病的病因和外科、小儿科传染病感染疾患的病因，都看成是由于"戾气"引起的见解，对于外科、小儿科疾患感染的防治，具有重要的理论和实践意义。此外，在对传染病的治疗方面，他主张针对发病的原因而进行医治，他说"因邪而发热，但治其邪，不治其热而热自己。夫邪之于热，犹形影相依，形亡而影未有独存者"。他希望终有一日，能发明治疗各种病患的特效药。所有这些，都涉及到了现代传染病的各个方面。他所处的时代是 17 世纪，而他的成绩是在东西方都还没有应用显微镜来观察致病微生物的情况下取得的，这是了不起的科学成就。

吴又可根据自己长期对温病的观察和研究所取得的经验，写成了《瘟疫论》，书中提出了一整套有关传染病的新思想和新学说，为温病学说的形成奠定了基础。

吴又可的成就启示我们，在科学的领域里，前人的成就是应该尊重的，应该学习的，但不能满足前人已取得的成就，不能被前人所定的框框限制和束缚住。吴又可敢于跳出当时绝大多数医家所拘泥的张仲景的《伤寒论》的古法，跳出只在伤寒学的注释上转圈圈的窠臼。他猛烈抨击墨守伤寒成规的做法，把这种保守思想嘲笑为"指鹿为马"，"屠龙之艺"无所施的泥古不化的思潮。他这种善于思考，勇于突破前人框框的进取思想，是值得后人学习的。

20. 李时珍30年写成《本草纲目》

李时珍（1518—1593）字东壁，晚年自号濒湖山人，蕲州（今湖北蕲春）人，是明代杰出的医药学家。

李时珍出生于一个世医家庭。他的祖父、父亲都是医生，父亲李言闻是位很有学问的医生，又热心为百姓治病，在当地很受欢迎。李时珍从小就常随父亲上山采药，回到家中进行炮制，对草药产生了浓厚的兴趣。他曾作诗把自己比作一只逆流而行的小船，表示要以比铁石还坚硬的意志和决心以及至死不畏艰难的精神，顶着世俗视医药学为"小道"的偏见，在医生社会地位低下，倍受歧视的逆境中度过一生，立志成为一个有成就、为百姓解除病痛之苦的好医生。

李时珍从24岁开始正式行医。给穷苦的百姓治病不计酬劳，人们都尊敬并爱戴他，他因此也出了名，被推荐到北京太医院，当一名太医。可他看不惯那里的方士做道场、炼金丹这一套，一年后便辞官回了家。他认为医生的职责就是遵循医理药理，治病救人，而不是玩弄什么骗术，沽名钓誉，欺世害俗。

李时珍在长期的采药、炮制及行医过程中，发现先代的药典《本草》中多有讹舛和疏漏之处，便蓄意重修《本草》。他曾和父亲谈论过这件事，父亲也表示赞同，只是需要大量的财力，靠一个人来完成是十分艰难的事情。在楚王府时，他就请求楚王把重修《本草》的事奏报给朝廷，希望能通过朝廷的人力、财力来完成这项有重大意义的事情。可昏庸的楚王只想让李时珍保证他的健康，为他服务，对李时珍提出的请求轻蔑地回绝了。在太医院时，李时珍也曾多次请求重修《本草》，可太医院的官员们却指斥他是个擅改古人经典、妄自尊大的狂徒。至此，李时珍希求朝廷修《本草》的热望，熄灭了、冷却了，但他重修《本草》的信心却始终没有丧失。他决定依靠自身的力量，去实现重修《本草》的伟业。

李时珍辞官回家时已35岁了，他决定仿照宋朝朱熹编《通鉴纲目》的方法进行编写，定名为《本草纲目》。李时珍在楚王府和太医院时，虽很不得志，但却得以阅读大量的书籍，除了历代的医药学著作外，还阅读了四书五经、诸子百家、历史地理、农林园艺、音乐诗歌以及神话传说等书籍达800余种。他从这些书籍中摘抄了有关医药学的大批材料，这为他编写《本草纲目》打下了坚实的史料基础。

由于李时珍立意纠正先代《本草》的舛误，所以在博览群籍的同时，更注重实践验证。也就是他自己所说的"渔猎群书，搜罗百氏"。为了弄清楚每一个疑问，他不辞劳苦、不避艰险地到各地采访，向村夫野老访求药方，到峻岭深谷中采集药材。风餐露宿、蚊虫叮咬，他都付之一笑，对原《本草》中所记载的药物进行了大量的调查研究。例如豨莶是明代用来风痹的重要药物，但是历代本草众说纷纭，使人无所适从。唐代苏恭说，豨莶叶似酸浆叶，猪膏莓叶似苍耳叶，是两种药物。唐代的陈藏器却说猪膏莓叶似荏叶，而五代时的韩保开则同意苏恭的记载。宋代的苏颂又说豨莶的叶似芥叶。宋代的沈括在《梦溪笔谈》中则说豨莶和猪膏莓是一种药物。李时珍按前人描述的药物形态，将有关药物全部搜寻而来，仔细加以比较分析，然后正确地指出：豨莶和猪膏莓是一种药物，叶似苍耳叶；苏恭所说似酸浆的所谓豨莶，实际上是龙葵。于是他把《唐本草》中重复的猪膏莓条归并入豨莶条。李时珍除了在家乡一带的原野山谷调查外，还到过湖北、江西、安徽、江苏、河南、河北等地。他所到之处，虚心地向农民、猎人、渔民、樵夫、药农和铃医等请教，在群众智慧的海洋里，获得了许许多多的真知灼见。例如五倍子，宋代《开宝本草》的作者以为是草子，收入了草部；《嘉祐本草》的作者又以为是木实，改为木部。李时珍就向采集五倍子出售的山里人请教，才知道是寄生在盐肤木上的像蚂蚁的小虫所做的"虫球"。他并在山里人的指引下去实地观察，这样，他就豁然明白了，原来五倍子是如蛄蟖所做的雀窝，蜡虫所造的蜡子一类的东西。于是，他把五倍子从木部移入虫部。

李时珍为了获得第一手材料，还创造性地采用了解剖药用动物、作动物实验等方法，甚至还拿自己来做实验。例如关于生姜，梁代陶弘景认为不能常吃，不然会"伤心气"。唐代苏恭则引证《神农本草经》的记载反对，认为可以常吃，并说陶弘景之所说是毫无根据的胡说。唐代的孙思邈则也认为不能经常吃生姜，不然会患眼病，甚至"损寿减筋力"。生姜到底能不能常吃呢？李时珍就试验着常吃生姜，果然得了眼病。待眼病好了以后再常吃生姜，果然又患了眼病。这样反复试验几次后，李时珍确信生姜不能常吃，便记下"食姜久，积热患目"。

李时珍经过 27 年的不懈努力，积累了极其丰富的第一手资料，经过三年认真彻底的修改，到 61 岁时，写出了《本草纲目》初稿，此后又经过十多年的修改，直到 73 岁时才最后定稿。李时珍编著《本草纲目》，前后花了近 40 年的时间，倾注了毕生的心血，耗费了毕生的精力。遗憾的是，李时珍生前未能亲自看到《本草纲目》的出版，直到了他逝世后的 1596 年，《本草纲目》才在金陵（今南京）出版。

《本草纲目》全书约 190 万字，共 52 卷，收载药物 1892 种，有描绘药物形态的图谱 1110 幅，附载医方 11096 个。这部内容丰富的药物学著作，不仅在中国古代是空前的，在世界古代医学史上也是

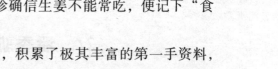

罕见的。它的重大贡献，首先在于它系统而正确地总结了 16 世纪以前中国人民长期的药用经验和理论知识。李时珍不仅整理了历代本草所录的全部药物 1518 种，而且还增添了 374 种，并且对从前未曾叙述过的一些药物的效用进行了补充叙述。这类药物竟达 1300 条以上。其次，《本草纲目》改正了历代本草著作中的许多错误，批判了种种违反科学、危害人民生命健康的谬说。《本草纲目》的广博内容，对自然科学的其它学科，如中医学、生理学、营养学、植物学、动物学、矿物学、化学、地质学、天文学等多方面，都有相当的贡献。16 世纪欧洲药物学著作中的《寇大斯药物学》以及被誉为"阿拉伯医师之王"的阿维森纳的《医典》都远远地不能和《本草纲目》相比。17 世纪后《本草纲目》被陆续译成各种文字，对世界近代和现代医药学的发展产生了重大影响。

李时珍一生艰苦卓绝的实践告诉我们："世上无难事，只要肯登攀。""锲而不舍，金石可镂"。

21. 潘季驯治理黄河

潘季驯（1521—1595）字时良，号印川，浙江乌程（今吴兴）人。是明代著名的水利专家。

嘉靖 29 年（1550），潘季驯考中进士，被任命为九江推官。后来，被破格提升为御史，旋即又任广东巡按使，推行均平里甲法。他到地方任职巡察时，注意百姓疾苦，对危害百姓生活的水旱灾害格外关注。他认为百姓衣食多取决土地之利，土地遭受水旱灾害而难得收成，百姓便困窘不堪，轻则流落他乡，重则卖妻鬻子，铤而走险，社会也就不安定了，诉讼纷争，盗贼蜂起，就在所必然了。他平时还注意搜罗百姓以及前人治理水旱灾害的经验，以备急患。

嘉靖44年（1565），他被提升为右佥都御史，总理河道，他和朱衡一起商量筹划，开出了一条新河道。隆庆四年（1750），黄河在邳州、睢宁决口，很多人流离失所，他奉朝廷之命前去堵塞河决口处。万历五年（1577），黄河又在崔镇决口，他以右都御史兼工部左侍郎代为河漕尚书，带领士兵和百姓修筑堤坝，堵塞决口，为了加固堤防，他命人在堤坝的外围又修建了一道很长的堤坝。他治理黄河，常常亲自到各地考察地势。凡增筑设防，置官建闸，以至于木石材料，都加以悉心地筹理。由于长年的奔波，积劳成病。潘季驯先后四任河道总督，对黄河的治理卓有成就。他晚年把自己一生治理黄河的经历和心得著成《河议辨惑》、《两河管见》、《宸断大工录》等书，为后世治理黄河提供了借鉴。

以往治理黄河，大都采用分流的办法，即将黄河水的一部分引入其它河道，以减缓黄河的水势，降低灾情。潘季驯在治理黄河的过程中，认真地研究了水流性能和黄河的实际情况，针对黄河含沙量大的特点，认为治理黄河不应该采取"分流"的办法，分流的办法只不过是"就症而措，未得致患之理"。因为采取分流，则水势必然会减缓，水势减缓则更有利于泥沙的淤积，泥沙大量淤积则河床增高，水患跟踪即至。他主张以水治水，因为水势猛，就可以冲刷河道的淤积泥沙，不断地冲刷，河道就深了。所以他提出一个新办法，就是加固加高黄河两岸的堤坝，使黄河水势迅猛，用水去攻泥沙。他说治河的方法，没有什么奇特的窍门，全在"束水归漕"，而束水的方法，只在"坚筑堤防"。为了御防河水溃决，他规定要设几道防线，即筑缕堤、遥堤、月堤和格堤四种（缕堤距河近，是第一道防线，缕堤内又筑月堤以止水，遥堤离河远，是第二道防线，格堤在遥堤内，以阻水流）。还规定在伏秋洪水暴涨的时候，要实行"四防"和"二守"。四防是

"昼防，夜防，风防，雨防"，二守是"官守"与"民守"。潘季驯"以水治水"，并把防治结合起来，发展了前人治理黄河的经验。

　　"道法自然"、"异曲同工"，滔季驯治理黄河别出心裁的事实告诉我们：世界上没有放之四海而皆准的真理，也没有千古不变的教条。只要从实际出发，实事求是，勇于探索，"长江后浪推前浪"，"青出于蓝而胜于蓝"，并非是可望而不可及的狂言诞语。

22. 发展外科学的杰出医家陈实功

　　陈实功（1555—1636）字毓仁，江苏南通人。他是明代著名的外科学家，对外科学的发展起了重要的作用。

　　陈实功很小的时候就刻苦学习，他读了很多医药学方面的书。他对长辈文学家李攀龙关于"医之内外有别也，治外较难于治内。何者？内之症或不及其外，外之症则必根于其内也"的医学见解很感兴趣，他决定探索内科与外科的关系尤其是外科的病理及医疗方法，于是从少年时代起就专门研究外科。40年的探索历程中，他始终如一，刻苦努力，严格要求自己。他强调，无论内科、外科都必须勤读古代医学名著，要手不释卷，熟读消化，以达到灵活运用并能用其指导医疗实践而不致发生差错的目标。同时，他还指出：对当代有名的文学家、哲学家、医学家新编的医理、辞说，也必须广泛参阅，以增长学问和见识，这是一个好医生所必备的基本条件。

　　由于不断实践，他在外科理论和外科手术方面都有独到之处。晚年的时候，他认为如果把自己多年积累的经验和体会留传下来，可能对后世医学多少有些补益。于是把外科大小诸症，分门别类地从病理、症状、治法、典型病例以及药物的炼制等一一记载下来，为了便于记诵，还编成许多歌诀。在万历45年（1617）写成了《外科正宗》。

《外科正宗》对大多数的外科疾病都首先综述各家的病因病理学说，详述其临床症状和特点，论述各种疾病的诊断方法和要领，多指出出现何症为吉，出现何症为逆，出现何种症象为死候。然后介绍各种治疗方法、方剂或手术的适应症、禁忌症；指出何症宜内治，何症应外治，哪些病要进行外科手术方可治愈，并且大都附录了自己成功或失败治疗的病案。全书组织严密，科学性较强，是中国医学发展史上的一部重要著作，对外科学的发展有着很大的影响。

陈实功除了理论方面的贡献外，对外科疾病的认识和外科手术的创造也有独到之处。例如：他把鹤膝风（类似膝关节结核）附于骨疽（类似骨结核）条下，以充分的论据指出二者类同的症候，相似的愈后，有区别的诊断要领和基本一致的治疗方法。他正确指出内服药和外用膏帖只有渐渐取效，没有成效，就会造成痼疾。他承认自己还不能很快治愈这种骨关节结核病变的客观事实，显示了他实事求是的科学精神。

关于阑尾炎，虽然《内经》和汉代张仲景已早有认识，也创造了有效的治疗方法，但对阑尾炎发病的诱因和病机等还缺乏系统的认识。陈实功总结自己的临床观察所见，指出了阑尾炎的诱因和病机。他认为，男子暴急奔走，影响肠胃的消化转送功能，造成肠胃出血，浊气壅塞肠胃，容易发生阑尾炎；妇人产后体虚多卧，不能坐起活动，造成肠胃功能失调，也容易导致阑尾炎；饥饿、过饱、酒醉、饮食生冷、担负重物，都容易导致阑尾炎。他在《外科正宗》中所绘制的肠痈图，所标明的体表部位是很精确的。按其绘图测量，其部位在麦氏点和兰氏点之间。这说明他观察病人是非常细致的，洞察力和综合分析能力也是十分惊人的。

在内外科的关系上，陈实功强调外科医生不仅要掌握外科治疗技术，同时也要掌握内科知识。在护理方面，他强调要注意病人的饮食营养，反对无原则的饮食禁忌。他认为前代有些医家不分青红皂白，只要是创伤、疮疡，就要病人忌食鸡、鸭、鱼、肉等，这不但妨碍了病人的营养吸收，也降低了病人抗御外伤、修复疮疡的能力。

陈实功很重视外科手术。他反对轻视手术的保守疗法，主张内服药物疗法和外治手术并重，特别对脓肿一类疾病，强调尽早手术切开引流。为了减轻病人痛苦和缩短治疗时间，还在扩大治疗范围、创造手术器械和精心设计手术方法上做出了杰出的贡献。食道异物在没有现代食道镜应用前是一个棘手的疾患。陈实功发明的乌龙针为解决外科医生治疗这一疾患提供了较为科学的治疗器械。他指出：如果针、钉、鱼骨等异物在咽部，可从口内以乌龙针取出；若已到咽部以下，则用乌龙针送到胃内，以便大便排出。他还指出病人误吞针、钉、骨刺哽于咽部的时候，应设法从口内取出。方法是：用乱麻筋一团，搓龙眼大，以线穿系，留线头在外，汤湿急吞下咽，顷刻扯出，其针头必刺入乱麻团中同出。如不中，则再吞再扯，以出为度。这种方法在今天看来，是比较简单而原始的。但在三百多年前，能创造出这种比较科学的方法，设计出这样精巧的器械，则具有较高的科学价值。陈实功还在治疗脱疽（血栓闭塞性脉管炎）和摘出鼻痔（鼻息肉）方面进行了许多成功的探索。

陈实功所以能在外科学的发展中取得这样伟大的成就，与他一生刻苦钻研，重视基础理论，重视理论联系实际，不墨守成规等思想观点有着密切的联系，与他高尚的医德也是不可分的。陈实功平时以"五戒""十要"要求自己。"五戒"的主要内容是医生不得计较诊金的多少，对贫富病人要平等对待，医生不得远游，不得离开职位，以免危急的病人因得不到及时的治疗而发生意外等。"十要"

主要是要求医生勤读先代名医确论之书，且夕手不释卷，细心体会，使临症不会发生错误；对药物则一定要精选，绝不可粗制滥造等等。

陈实功是中国历史上一位杰出的外科医学家。清代名医徐灵胎对他的《外科正宗》有很高的评价，推荐为学习外科的教科书。现代一般外科中医师也都重视这部著作，把它作为必读之书。陈实功重视医学基础理论，提倡"治外必本诸内"的学说，反对轻视诊断、乱投药物，纠正外科易于内科的错误观点，对疑难病例据实客观分析，以及在外科疾病诊断、治疗、手术等方面敢于求索创新的精神，至今仍然值得我们借鉴。

23. 徐光启格物穷理

徐光启（1562—1633）字子先，号玄扈，上海人。是明代杰出的科学家。

徐光启出身于一个小商人兼小土地所有者的家庭，早年从事过农业生产，对于土地的利用问题深有体会，他说："天下没有不可利用的土地，人们困蔽的原因在于怠惰无思，饱食终日，不肯处心积虑地去从事生产劳动，去求索致富的门路"。由于家乡常受到倭寇的侵扰，他也很注意学习兵书。他认为，古来万世，世事纷繁复杂，人们只要善于发现现实中的问题，鼓起勇气，百般求索，就没有克服不了的困难。在20岁到40岁期间，他先后以秀才和举人的资历在家乡和广东、广西等地以教书为业，阅读和研究了丰富的古代典籍，尤其是有关生产科学方面的知识，这为他日后进行科学研究打下了坚实的基础。他曾与耶稣会传教士利玛窦等人有来往，跟利玛窦学习了西方的天文、历算以及火器制造等方面的知识和原理。42岁时在南京加入了天主教会。在他看来，儒教和佛教过于重视内心的修养和主观上对人生的领悟，所以，西方的天主教胜于儒学和佛教，便于学习和领会，而且天主教中蕴藉着一种分析研究事物的现象、探求事物内在联系的学问，即所谓"格物穷理之学"，他认为这种"格物穷理之学"的重要特征就是注重外在事功。天主教的这种独到的特征，使他最为神往。他认识到，反求内心、关注内心的儒学和佛教是虚学，而格物穷理之学才是实学，才更有助于国家的富强和民生的幸福安康。他思索的脚步已经触及到东西方两种不同文化特质的比较方面了。第二年，他进京考取进士，任翰林院庶吉士，正好利玛窦也在北京，徐光启就同他一起研究中西方的天文、历法、数学、地学、水利等学问。与利玛窦等人共同翻译了许多西方科学著作，如《几何原本》、《测量法义》、《泰西水法》等，成为介绍西方科学的先驱。他自己也编著了不少关于历算、测量等方面的著作，如《测量异同》、《勾股义》等。

徐光启从翻译西方科学著作的工作中，加深了对数学重要性的认识。他在与利玛窦合译《几何原本》序文中指出，数学所以成为一门最基本的科学，在于它是"众用所基"，能为许多学科所用，如天文、历法、水利、测量、声乐、军事、财会统计、建筑、机构、绘图、医学等等。可见，他已明确地认识到了凡有量的关系存在的地方，就必定要用到数学。

对于欧洲的天文学，徐光启颇感兴趣，这是因为欧洲天文学的特点是用严格证明的逻辑方法力求解释天体运动现象的所以然。徐光启掌握了欧洲天文学方面的知识后，每次预报天象都较其他人准确，所以名望和威信都很高。崇祯二年（1629），由于钦天监推算日蚀又发生了错误，徐光启才被任命主持明代唯一的一次具有重大意义的历法改革工作。这次历法改革是以西方历法为基础，工作虽然繁重，又有来自朝野上下保守势力的百般刁难和阻挠，但徐光启毫不畏惧，毫不气馁，他对这项工作作了通盘的精心的规划和安排，使整个工作进展比较顺利，崇祯六年（1633）编成了一部130多卷的《崇祯历书》。这部书虽说是集体创作，却熔铸了徐光启本人大量的智慧和心血，全书大部分都经过了他的修改审阅。《崇祯历书》已开始接受近代天文学和数学的知识，突破了中国传统天文历法的范畴。

对科学技术方面的研究，除了天文、历算之外，徐光启用力最勤、收集最广的要算是在农业方面的研究了。因此，在他丰富的著述中也以《农政全书》最为重要。

《农政全书》是徐光启几十年心血的结晶，是一部集中国古代农业科技之大成的著作。全书共60卷，50余万字，分农本、田制、农事水利、农器、树艺、蚕桑、蚕桑广类、种植、牧养、制造和荒政等12项。《农政全书》转录了很多古代和农时代的农业文献，这部分可以说是前人成就的选编，很便于参考使用。徐光启自己撰写的有6万多字，虽然只占全书篇幅的八分之一，但都是他经过亲自试验和观察之后取得的材料写成的，所以科学性较强。他对前人的著作，不但是选录，也附有自己的见解或评论。如对《唐新修本草》注中所说菘（即白菜）北移都变芜菁，芜菁南移都变菘的错误，就以自己在家乡种植芜菁的实践说明芜菁不会变为菘，并解释了芜菁南移根变小的原因和在南方培养大根的方法。他不愧是一位注意探索自然规律的科学家。

徐光启在《农政全书》中写的专题部分，值得重视的有：在垦田与水利方面，他主张治水与治田要相结合。他曾在天津屯种实验，很有成效，他认为京师附近发展水稻等粮食作物的潜力很大，可以解决不必要的漕运问题。如果能够实现的话，南粮北调的矛盾就可以缓解。他在上海试种高产备荒作物后，证明在长江三角洲同样能生长良好。他非常注意选种，他说："种植作物，选择好良种最为重要，最为关键，如果长期种植不良的种子，刻板化，单一化，就会使天时、地利和人力的大半都白白地废弃了"。对于保守思想和偏见，他以大量作物移植成功的事例指出："如果认为作物的种植取决于适宜它的土地，是不可改变的，那是毫无道理的。"徐光启对蜡虫和蝗虫也很有研究，成为详确记述白蜡生活习性和蝗虫生活史的第一人。他研究蝗虫生活史的目的是为了灭蝗，在除蝗问题上所用的研究方法，也很为后人所推崇。

处处留心皆学问，不懈求索终有果。徐光启一生，不论是在童年，或是在壮年、老年，不论是为民，还是为官，都善于观察和发现问题，勇于实践，不懈追求和探索，身体力行，笔耕不辍，终获累累硕果。他是明代杰出的科学家，是具有近代思想气息的学者，也是中国历史上进行东西方文化比较的第一人。

24. 徐霞客远游探险

徐霞客（1586—1641）名弘祖，别号霞客，江苏省江阴县人。是我国明末清初杰出的地理学家。

徐霞客的家乡江苏省江阴县位于当时商品经济（特别是纺织业）最发达、资本主义萌芽的长江三角地区，这里经济发展的新貌给人们以很大影响，这里的人们思想比较活跃。徐霞客的祖先当过大官，到他父亲这一代家境已中落，但他仍有一定田产。徐霞客从小读过很多书，最使他感兴趣的是那些记载山川、名胜和旅行的书籍，他很早就决心摒弃科举入仕的道路，立志游五大名山。他的母亲思想比较开放，她鼓励儿子应该外出增长见识，还特地为他缝制了一顶远游冠，更喜欢听他旅游回来讲述所见的新奇事物和各地的风土人情，这对徐霞客献身于地理考察，也起了促进作用。

徐霞客一生博览了大量的古今地理学典籍，当他看到黄河的水域不及长江的三分之一时，就产生了为什么长江的源头短而黄河的源头长的疑问。他不满意前人写地理书多沿袭旧说、臆测附会的做法，决心通过自己的实地考察来认识祖国山河的真实面貌。

徐霞客的身体很好，了解他的人都称他"身健似牛，轻捷如猿"。正因如此，每逢登山，即使没有通向山顶的路径，他也能毫不费力地攀缘上去；每逢渡河，即使不由津口，他也能从容不迫地泳渡到彼岸；每逢探迹洞穴，即使坎坷曲折，他也能像轻猿系挂高枝、长蛇贴附岩壁那样深入洞内，查清各个洞的出口。他日行百里以后，还能在夜间把当天观察所得记录下来。

徐霞客对远游探险有极其浓厚的兴趣。他从 21 岁开始游太湖，到 54 岁（逝世前一年）从云南抱病回家时为止，几乎年年出去游历考察，足迹遍及华中、华东、华南和西南各省，也常常往来海上。早年的旅行，偏重登名山，游奇胜，搜奇览胜。51 岁以后，注意力转到探索自然奥秘、揭示自然规律上来。

在远游四方的三十多年中，他不避艰险，步行数万里，到过 16 个省、3 个市。所到之处，对地貌、地形、物质、水文、气候、植被都做了深入细致的调查。他登山一定要登最高峰，下海一定要到海底，钻洞一定要钻到最深处，找水一定要找到源头。如对长江源头的考察，纠正了"岷江导江"的说法。他北历三秦，南及五岭，西出石门、金沙江，终于弄清了长江的上游不是岷江，而是金沙江。他曾考察过 101 个岩洞。如对七星岩的考察，做出了详细的记录，其记录和今人对七星岩实测的结果完全一致。

在探索大自然的奥秘过程中，他经历了无数次艰辛。在最初远游的日子里，他曾失足落水而差点丧了性命。登峭壁悬崖，苔滑、多险，多次陷于绝境。有一次，他和一个和尚、一个仆人结伴去云南，途中遇见了强盗，和尚被强盗用刀砍伤，很快就死去了，那个仆人吓跑了。但他没有动摇，意外地躲开那场祸乱之后，仍继续前行，终于到达了目的地。

　　徐霞客一生中最重要的也是最后一次旅行是 50 岁时从家乡出发远游西南。这时他的孙子已经 3 岁了，家中又有遗产，游历生活也过了大半生，学识文章也已得到了时人的赏识，在这种情况下，一般人就想在家里在儿孙绕膝的欢娱气氛中安度晚年，享受天伦之乐了，可他认为正是由于年事已长，才要争取时间实现早已纳入远游计划的"万里遐征"，于是，他又毅然决然地踏上了远游的征途。

　　旅途中，艰辛无数。一次他游潇水发源处的三分石，岭地峻峭，没有落脚的地方，他便两手攀缘丛竹，悬空前进，这样攀行了很长一段路，直到天黑时才到达一个较平坦的地段。由于无水，晚饭也作不成，只有烧柴围火休息。后来风雨交加，连火也熄灭了，通宵就这样在旷野的风雨和黑暗中度过。到了贵州、云南的多雨地区，他常淋着雨跋涉在高山深谷之中，夜晚借宿，有时就睡在牲畜的旁边。还有一次游湖南茶陵的麻叶洞，人们都说洞中有神龙奇鬼，不画符保佑，不施法术避邪，难以进入。徐霞客不相信这一套，他和一位仆人，手执火把，来到了洞口前，由于洞口狭小，徐霞客就使自己双脚先进入洞内，然后探至洞的幽深处。在云南腾冲时，为了采集悬崖上的一种藤本植物，在无计可施的情况下，回到寓所，然后和挑夫一道，拿起斧子和绳索造了一架临时梯子后前往，终于得到了这种未曾见过的植物。究竟是什么力量驱使他不辞劳苦，不顾生命安危地旅行、考察、采标本、写日记呢？这力量来自于他内心对名山大川真实面貌了解的渴望。他在生命的最后一刻，还在不停地研究放在病榻前的矿石标本。

徐霞客的一生大都是在远游中度过的，直到 56 岁，他积劳成疾，双脚不能走路，才被用轿从云南送回家乡。徐霞客游历一生，但没有游戏人生，他终于用自己的汗水和生命写成了一部广包自然界和社会诸方面的游记，即传诸后世的著名的《徐霞客游记》。这是他在人类科学史上的贡献，是宝贵的文化财富。人们称这本游记是"世界真文字、大文字、奇文字"。英国李约瑟博士在《中国科学技术史》上说："他的游记并不像十七世纪所写的东西，倒像是二十世纪的野外勘察记录。"徐霞客给后人留下的不仅仅是一部游记，他为探索大自然奥秘而舍安逸、忘生死、求索攻坚的精神，永远激励着后人。

25. "家食"堂里的宋应星

宋应星（1587—1661）字长庚，江西奉新人，是明代杰出的科学家。

宋应星少年时，就喜欢读书，先代的典籍读了很多，但他不盲目因循，图口耳记诵之学来炫耀于人前，他对书中所记述的内容采取审视的态度，没有书云亦云。他把对书中所载提出的疑问都记录下来，以备来日验证。他 28 岁时考中举人，后任江西分谕县教谕。他对束缚人才能的八股文不感兴趣，而把精力放在深入调查研究实用的生产技术的问题上。他对士大夫们轻视生产劳动的态度深为不满，认为士大夫们的这种态度于国于民都不利。他不停地思考探索着，如何才能富强国家？如何才能造福民生呢？

封建时代的知识分子常把自己的书房叫某某堂、某某斋，而宋应星却别出心裁，不追求世俗所称道的高雅之意，把自己的书房起名叫"家食之问堂"。"家食之问"，就是关于家常生活如衣、食、住、行及日用品之类的学问。"家食之问堂"也就是探讨家常生活之类学问的书屋的意思。"家食"的出处，见《易·大畜》，此书中说："不家食，吉：养贤也。"意思是说，在上者有大德，能以官职养贤，不让贤者在家里自食。宋应星取"家食"二字，表示他所研究的学问与当时封建官僚、士大夫们所搞的那一套不同，不是空谈道德性理，而是切实研究于国计民生有用的学问。他说：打算读书做官的人肯定不会对他所探究的问题感兴趣，因为他所探究的问题与读书做官毫无关系。他认为真正了不起的是具有真才实学，知识渊博，敢于并善于探索钻研的人，而那些高谈义理、侈论心性之家是不足为训的。他深受商品经济的影响，指出发展商业的必要性，对那些驾车驭马、摆舟横渡的官商很是赞赏，认为他们能通有无、调余缺，增值社会财富。他感到祖国疆土广大、物产丰盈，物质生产领域中的知识实在太丰富了，对任何事物都有多听听多看看的必要。他冲破了书斋学者那种"人唯圣贤、物为经籍"严重脱离实际的陋习，深入下层，虚心向农民、手工业者和其他生产劳动者学习生产技术知识，开阔视野，促使自己向更广泛的知识海洋中探索。

通过书本学习、躬身访察和实际生产劳动，宋应星积累了极其丰富的生产技术知识，并以惊人的毅力和卓越的才华完成了图文并茂的科技巨著《天工开物》。

《天工开物》全书分 18 卷，包括作物栽培、养蚕、纺织、染色、粮食加工、熬盐、制糖、酿酒、烧瓷、冶铸、锤煅、舟车制造、烧制石灰、榨油、造纸、采矿、兵器、颜料、珠玉采集等，几乎谈到了农业、手工业部门中的所有重要的生产技术和过程。宋应星在此书中详细地记载了各种工农业生产的具体操作方法，特别详细地介绍了各种先进的生产技术。如在农业方面，记有培育优育稻种和杂交蚕蛾的方法；在冶炼方面，有炼铁联合作业，灌钢、炼锌、铸铁、半永久泥型铸釜和失蜡铸造的方法，其中不少工艺至今仍在应用，如有名的王麻子、张小泉刀剪就是使用了传统的"夹钢"、"贴钢"技术；在纺织方面，有用花机织龙袍、织罗的方法；在采矿方面有排除煤矿瓦斯的方法等等，以上生产技术都是当时世界上首屈一指的。从书中出现的大量统计数字，如单位面积产量、油料作物出油率、秧田的移栽比、各种合金的配合比等来看，说明宋应星比较重视实验数据，是他经过一番深入细致的询访调查的。宋应星还把所搜集的材料进行认真的比较研究，提出了不少科学的见解，如他根据煤的硬度和挥发成分，提出了一项符合科学原理的煤的分类方法，很有实用价值。对于一些长期流传下来的错误观点，如"珍珠出自蛇腹"，"沙金产自鸭屎"，"磷火即是鬼火"等等都进行了有理有据的驳斥。《天工开物》刊行后，很快传到日本，并在日本翻刻，广为流传，1869 年有法文摘译本，后又译成德、日、英多种文字，受到世界各国的重视。它是关于中国古代生产技术，特别是手工业生产技术的宝贵文献，为世界誉为"中国十七世纪的工艺百科全书"。

如此巨著，若没有深入细致的调查研究，没有执著的追求和探索，是很难完成的。不仅如此，没有战胜世俗偏见的勇气和信心，没有对社会较为深切的洞察，而写出这种独树一帜的巨著也是不可能的。因为自古以来，中国社会的上层一向视生产劳动为贱民所为，视生产科技为奇技淫巧，而且一向轻视工商，宋应星身为朝廷官员，专心于此，无疑是轻蔑圣贤，坏乱经言。但宋应星认为这是实学，于国于民，颇有裨益，就毅然为之而奋斗，他这种务实求本，勇于攻坚的精神是难能可贵的。

26. 谈迁矢志编著《国榷》

谈迁（*1593—1657*）原名以训，字观若，明朝灭亡以后改名为迁，字孺木，浙江海宁县枣林人。他是明清之际一位著述谨严、卓有成就的历史学家。

虽然谈迁家境贫寒，但自幼就酷爱历史，而且这种独特的兴趣随着年龄的增长有增无减，因此，在弱冠之年就读了大量的史书。他逐渐认识到历史的价值贵在经世致用，不读史就难晓古今沿革和兴替，不读史就不能很好地治国平天下；史贵真实，学用经世。他阅读史书，勤奋不苟。幼时培养起来的兴趣在激励着他，严酷的社会现实也在不时地激发着他，他处在明朝腐朽没落后金崛起的动荡的历史时期，明朝的官员们声色犬马、结党营私；谈及国事，争相推避，只会媚颜悦主，无视女真雄视中原、破国亡家近在旦夕的危机，忠臣见谤、奸佞横生。耳闻目睹这一切，他心痛如焚，他深感自己手中的笔越来越沉重了，他决心终生不做官，用真实的笔触写下这时代的巨变，留给后人，作为永世的借鉴。

谈迁勤读史书，并非徒留耳讼，炫耀人前以为博，而是用自己的眼光和心灵来重新审视历史，力求心得。在阅读史书的过程中，他发现明朝的实录中有好几朝的实录在内容上有失实、歪曲的现象，而且各家编年史中又多有讹舛疏陋、肤浅冗沓的弊病，于是，他决心亲自动手编写一部真实可信的明史。

谈迁的编写工作始于明朝天启元年（*1621*），在饥寒交迫的环境中，用了六年的时间完成了初稿。他发现初稿在内容等方面还不完善，以后陆续加以修订。清顺治二年（1645），他又续订了明末崇祯、弘光两朝的史事。为了求真求善，谈迁修订增补初稿就花了长达26年的时间，光阴如流水，并未付东流！

谁料想，两年后，也就是1649年，这部花了半生心血编撰的稿子全部被人偷走了。这意外的打击，使谈迁这位57岁的老人痛心入骨、悲愤欲绝，忍饥挨饿的日子熬得过，访求史籍的辛苦也受得起，可这飞来之祸怎么也料想不到啊！到哪里去寻找自己的书稿呢？难道几十年的心血就这样付之东流、终生难遂心愿了吗？感至于此，伤心的泪水从他那满布皱纹的脸颊上流落下来，点点滴滴，滴滴点点，洒落在他那旧得发白的衣衫上。他步履蹒跚地来到户外，良久地站立着，任无情的凄风撕乱他花白的头发，任如鞭的淫雨击打他那摇曳的身躯……

书稿是找不回来了。但谈迁转念一想，初稿不是人写的吗？只要人还在，就有书在。他的泪眼最后涌动出的是意志、希望的火，是对余生光阴切切的关注。他决心趁自己的脑子和手还好使，起笔重写。又经过了5年时间，终于将《国榷》重新编成。望着案前堆积如山的书稿，他的脸上又绽开了笑容，这是终生宿愿的达成，是经历身心交瘁艰难岁月后流露出的倔强和自信。这时谈迁已62岁了，他时感力不从心，脑子也有些迟钝了，手脚也不太灵便了。但他没有气馁，为了定稿，他竭力想把那些因时间太久而印象模糊的事迹弄清楚。他只身一人带着仅有的一点银两携书稿来到北京，去访问那些明朝遗老、豪族、宦官，并亲自到那些故址旧迹踏查。

长期的写作生涯，使他的头发全白了，眼睛也花了，清苦的生活使他只能穿粗布衣衫，在那些达官贵人眼中，他只不过是个穷秀才，没有什么值得尊重的。因此，谈迁常常遭到冷遇。但他不灰心，不泄气，直到把模糊的问题弄清为止。他深知达官贵人的白眼算不了什么，关键是自己如何努力，去实现自己的宿愿，做一个终生无悔无愧的人。他这样偌大年纪，还走访了"十三陵"，登上了香山，对那些古迹，反复考察，哪怕是一块残碑，一截断垣，也不放过。他一边观察，一边在纸片上记录，不肯漏掉有补于书稿的丝毫信息。他为对书稿拾遗补缺而搜寻资料，几乎达到了如醉如痴的境界，人们都把他当成疯子、傻子，可他心中有足乐事，哪管世人的睥睨和奚落，一步一个脚印，依然故我。他就是这样在北京呆了整整三年。离京后回家对书稿继续进行修订，直到自己满意，才正式定稿。成书后的第二年，这位一生矢志为自己的著述事业而不懈奋斗的老人与世长辞了。

　　谈迁编著《国榷》，主要根据列朝实录和邸报，再广求遗闻，参以诸家编年，所采诸家著述达百余种。他对实录和诸家著述并不轻易相信，对史事的记述采取慎重态度，取材广，选择严，能择善而从。这就为其编著工作在技术处理上又增加了一层难度。特别应该指出的是，《国榷》关于万历以后明朝以及后金史事的记载，多为他书所不传，加之当时没有刊行，没有遭到清人篡改，所以史料价值较高，是后人研究明史比较可靠的资料。为了著成这部史书，谈迁从 1621 年动笔到 1656 年定稿，前后用了 35 年时间。不论是烈日炎炎的盛夏，还是冰天雪地的隆冬，无论是在途径坎坷的旷野，还是在月映烛照的斗室，他都没有懈怠过。他的一生是在穷困的环境中度过的，直到晚年，仍靠当幕友，办些文墨事务，代写应酬文章来维持生活。他这种不折不挠、求索攻坚的精神是难能可贵的，受到了后人的景仰和称道。谈迁和他的《国榷》一同辉映在中国的历史上。

27. 黄宗羲毕生求索

黄宗羲（1610—1695）字太冲，号南雷，晚年自称梨州老人，当时社会上称之为梨州先生。他是明清之际杰出的思想家和著名的史学家。

黄宗羲出生于浙江余姚县黄竹浦一个世代官宦并充满学术气氛的家庭。在父亲的影响下，自幼就喜爱读书，但不盲目苟从。他的父亲黄尊素教他八股文时，他很不感兴趣，总是喜欢自己爱读的书，读了不少有关天文、地理、历算、人物传记方面的书。他对当时的社会问题很关注，还私下对朝廷中的达官显贵评头品足，对朝廷的决策提出自己的见解。他的父亲和其他的东林党人同魏忠贤为首的阉党进行了坚决地不屈不挠的斗争。对此，黄宗羲深表钦佩。天启六年（1626）三月，黄尊素等东林党人被魏忠贤陷害，逮捕入狱。临行前黄尊素要黄宗羲拜前来送别的刘宗周为师，向刘学习理学，在这生死离别的时刻还教导黄宗羲说："作为一个学者，不能不通晓史事，应该读一读《献征录》"。从此以后黄宗羲努力攻读史书，他通读了明代的《实录》和二十一史。他每天天不亮就起床，等到第二日的头遍鸡鸣才休息，不敢有丝毫的怠惰，这是他勤奋治史学的开始。

历史上杰出人物的深邃思想启发着他，那些动人的事迹激励着他。他以历史经验来洞察现实社会，并立志要身体力行，投入到激烈动荡的社会中。

在学术上，他勇于探索，勇于袒露自己的观点，批判那些无补于社会的学术见解。黄宗羲从北京回到浙江后，到绍兴证人书院听刘宗周讲学。当时有一个叫陶奭龄的知名学者也在绍兴讲学，陶奭龄把佛教禅宗的学说和因果报应思想羼杂到理学中来，声势很大。为了发扬刘宗周的经世学说，黄宗羲联合了六十多位名人到证人书院听讲，大造舆论，批判陶氏的佛学观点，陶被迫偃旗息鼓。

黄宗羲在了解社会的实践中，清醒地认识到，士人应关注天下大事，思索之，参与之，要担负起天下的兴亡；朝纲混乱，奸佞横生，百姓困厄，那是士人的耻辱。崇祯十一年（1638），阉党阮大铖在南京四处招摇，图谋东山再起。复社名士陈定生、吴应箕草写《留都防乱揭》揭露阮大铖的阴谋，要求把阮逐出南京城。当时，阮大铖的余党尚存，爪牙林立，但黄宗羲不惧险恶，在《留都防乱揭》上领衔署名。在崇祯一朝，黄宗羲积极地参加东林复社人士领导的政治活动，到各地游历。在他外出的日子里，仍坚持学习。崇祯三年（1630），他在南京从韩孟郁学诗。崇祯六年、七年，他在杭州孤山读书，和一些名士自相师友，互相切磋，学问有很大长进。这时候，他的视野也开拓了不少。

清兵占领南京、苏州、杭州之后，浙东各地纷纷组织义军抗清，拥护鲁王以监国的名义成立政府。黄宗羲也在余姚黄竹浦组织青壮年数百人为义军，沿钱塘江布防，老百姓称呼他带领的军队为世忠营，后来黄宗羲来到鲁王的流动政府。由于失去了兵权，对政事没有多少发言权，但黄宗羲不甘空耗光阴，一有时间，他就对授时历、泰西历、回回历进行校注。他的某些天文历法著述就是在这种动荡的环境中完成的，如果没有惊人的毅力是很难做到这一点的。此外，在海上抗清时，他还写了许多诗篇，记述鲁王行朝抗清事实。

康熙元年（1662）南明永历帝在昆明被清政府杀死，南明灭亡，至此，黄宗羲看到恢复明朝已失去希望。就回乡著书立说。这时他已是53岁的老人了，他决心在自己的有生之年，为后人留下自己探索的经验。经过多年的努力，他写出了大量著作。其主要著作有：《明夷待访录》、《明儒学案》、《宋元学案》等。

长期不懈的思考使他的思想日趋稳定，社会的巨变以及个人沧桑的经历，使他的思想更加深刻，更加成熟。他为了研究明朝灭亡的原因和改革君主专制的弊端而发愤治学。

从一代代王朝兴衰历史中，黄宗羲看到，每一个王朝的倾斜，都是由于君主贪婪、残暴，每一个王朝的兴起，都始于血雨腥风中的争斗。他认为封建的君主专制制度是造成社会危机的总根源。他指出："天下最大的祸害就是君主"，因为"君主把天下的利益尽归己有，把天下的祸害全部推给别人"，君主为了得到或维护自己的统治地位，即使使天下人肝脑涂地，使天下百姓家破人亡、妻离子散，也在所不惜。他反对以君为主，以天下为客的不合理现实，赞美以天下为主，以君主为客的尧舜之世。他从民众的利益出发，去评价治乱，他说："天下或治或乱，不在于一姓的兴亡，而在于万民的忧乐"。并进一步提出为臣之职应该是"为天下人，不为君主；为万民，不为一姓"，一代王朝的君主死了，作臣下的没有必要跟从他的君主去死，没有必要自杀为君主殉身。他还认为，法律应该是天下人的法律，朝廷君臣没有什么高贵，百姓也没有什么低贱。他主张改一家一姓之法为天下之法。他说，天子认为对的未必对，天子认为错的未必错。他主张提高宰相权力，由士人来公论是非，限制君主的权力，使君主不敢自以为是。这种公议国家是非的学校有些类似近代的代议机关。这是一种限制与监督君权的思想。这种民主思想为中国近代的资产阶级改良派和革命派提供了历史借鉴。

黄宗羲一反传统的"重农抑商"思想，提出"工商皆本"。他认为世俗中迂腐的人们不稽古事，不辨事理，把工商当成末业，妄加评论，并竭力压抑，是十分荒唐可笑的。工商两业皆有益于社会民生，都是本业。这种思想反映了当时商品经济和资本主义萌芽发展的要求。

黄宗羲注重实践，不尚空谈。治学态度严谨刻苦，严核考证，实事求是。他认为明朝的灭亡和明人的学风有一定的关系。他认为明人专事口耳记诵之学，学无根柢，喜欢空谈。他指出，学问是用来经世的，不是用来炫耀的，他和他的弟子们形成了一个以经世思想为指导以研究史学为特点的浙东学派。他的《明儒学案》总结了明代近三百年的思想发展，包括了明代各派哲学家的学术思想和主张，是中国第一部比较系统的学术思想史专著。他实事求是的学风和经世致用思想，于今仍有教育意义。

黄宗羲一生坎坷，不断地学习、实践、探索。他的晚年生活比较清苦，有时以卖文糊口，但仍坚持著述，年过 80，还时刻不肯息惰。正因如此，他才以有限的生命做出了重大贡献。

28. 顾炎武著书立说

顾炎武（1613—1682）初名绛，字忠清，明朝灭亡后改名炎武，字宁人，曾自署蒋山佣，号亭林，学者称之为亭林先生，江苏昆山人。是明末清初时期的著名学者和杰出的思想家。

顾炎武出身于江东望族。他的祖父是个很有见识的人，他受祖父的影响很深，幼年时就博览群书，特别喜爱读司马光的《资治通鉴》和司马迁的《史记》。他关心国家大事，总爱探讨国计民生的大问题，他认为读书必须联系实际，反对空发议论。

对于明朝的腐败，顾炎武深恶痛绝，少年时就参加了"复社"反对宦官权贵的斗争。清军入关后，他参加了嘉定、昆山一带的人民抗清起义。清军攻陷昆山，他的生母及两个弟弟均遭难，抚养他的养母誓死不降清朝，绝食自杀，临终前嘱咐顾炎武说："我虽是个女子，然以身殉国是理所当然的事，希望你不要做清朝臣子，我死后就可以闭上眼睛了。"顾炎武把养母的话牢记心头，永志不忘。抗清斗争失败后，他隐居不出，以明朝遗民自守，誓死不做清朝的官员，清廷几次征召聘请他前去做官，均被他拒绝。

他看到清朝的统治日益稳固，匡复明朝势不可行，就把满腔的义愤和深邃的思索凝注于笔端，去探索国计民生的要道，去探索胜败存亡的原因。从 45 岁时起，他用了 20 年的时间，遍游了华北各地，十次拜谒明陵（明朝皇帝的陵墓），考察了各地的风俗人情，并在雁北开荒。这些实践丰富了他的生活，也加深了他的认识。他认为明王朝的灭亡固然由于政治的腐败，但边地守将平庸，良将难用，以至边防失利也是一个不可忽视的重要因素。于是立意写一部关于山川要道边防战争的书，他到处跋山涉水，考察地形、地貌，分析地理位置的重要性。他边考察，边读书，边写作，经过长时间的艰苦努力，终于写成了论述山川要道边防战争的专著《肇域志》。这也是经世致用学术思想的具体体现。

想到国破家亡、夷人入主中原的残酷现实，明王朝君主专制政治的腐败又一幕幕浮现在眼前，社会动荡、民不聊生的大问题，又将他的目光从民族问题、政权问题上引向对整个社会问题的关注。他认为君主一人独治，天下唯命是从，以至奸佞当道，有识之士屈陈下僚，天下怎能不亡呢？于是，他反对君主专制的"独治"，主张更多地吸收知识分子的"众治"。他说："君主临御天下，不能靠自己一人独治，如果一人独治，刑罚之事就多了；如果众治，刑罚之事就会得到妥善的处理。"他反对君主分封子弟为侯而治理国家的办法，主张郡县制。他说："分封诸侯王治理国家的失误，是王国的权力太专；设置郡县治理国家的失误，是君主的权力太专。"在他看来，只要限制君主权利，加强地方官吏职权，以增加地方官守土的责任，则国家就可以富强，国家的百姓就可以免于贫困，各行各业就兴旺发达，社会就可以长治久安了。他还认为治乱的关键在于人心风俗，因此主张正风俗以正天下。他认为明王朝灭亡与风俗日下、教化纪纲堕废也有关系。他说："我看世风的趋向，才知道治乱的关键在于人心风俗，所以转移人心，整顿风俗，则是教化纪纲不可缺少的。长期养成的良好风尚，也会在一朝一夕败坏无余。"他认为士人要有强烈的社会责任感和使命感，即所谓"天下兴亡，匹夫有责"。他认为贫富不均也是社会不安定的一个重要因素。他说："百姓之所以不安分、不安心，是因为有贫有富。贫困的人不能保障自

己的生存，而富有者又常担心有人向他求助而十分吝啬，于是贫富之间一定会争夺财富。"顾炎武有如此考虑，也是明王朝灭亡事实的启示，因为明末李自成领导的农民军提出"均田免粮"的口号，向地主阶级发起了猛烈进攻，加速了明朝的灭亡。他同情农民，攻击城市和货币，提出一个反对征银，最好征收谷物的办法。发展农业生产是他经济主张的要点。顾炎武对治乱兴衰的思索中固然有许多固执和偏见，但更多的是具有进步意义的探求。

顾炎武在探索治乱兴衰原因的同时，也对士人的学风和治学思想加以深入思考。他主张"经世致用"，"明道求世"，反对士大夫空疏不学、空谈心性、昏庸无耻的学风。他认为明末理学的弊端是"不习六艺之文，不考百王之典，不综当代之务，论夫子论学论政之大端一切不问……以明心见性之空言，代修己治人之学。股肱惰而万事荒，爪牙亡而四周乱，神州荡覆，宗社丘墟"。他认为著书立说应该有益于世，凡是和六经之指无关，于当世之务无益的文章和事，都不要去做。这种治学思想决定了他治学方法是：读经自考文始，考文自知音始，务求不失原意；研究问题时注重考证，列本证、旁证，不以孤证为凭。这是实事求是的学风。

顾炎武自幼读书有个习惯，就是作读书笔记，分类抄录，发现错误及时纠正，重复的删掉。这样日积月累，最终编成了一部涉及政治、经济、史地、文艺等内容极其广泛的《日知录》。这是一部被社会公认的极有学术价值的著作。

顾炎武一生以"天下兴亡，匹夫有责"的责任感和使命感，不断探索和追求着，虽隐居独守而宏志未泯，笔端触及悠远，眼界却立于现实。他抨击封建专制的进步思想对后来的资产阶级民主革命产生了一定的影响，他那矢志不渝的坚强意志和实事求是的精神将永远激励后人求索攻坚，报效国家。

29. 魏源与《海国图志》

魏源是近代中国睁眼看世界的一位先驱者。他积极收集西方资本主义国家的情况，编撰《海国图志》。探讨清王朝衰弱和西方国家强盛的原因，提出强国御侮的办法，是一位成绩卓著的爱国思想家。

魏源，字默深，1794年出生于湖南邵阳的一个官宦之家。1822年中举，在诸子百家、史地方面很有自己的见解。1826年，他受江苏布政使之聘，协助编辑《皇朝经世文编》，并参与筹议江西省的漕粮、水利等问题，后来又以内阁中书舍人候补，有机会广泛阅读各种典籍文献，林则徐与他交往甚深，非常器重他，推荐他为两江总督裕谦的幕僚。

1841年8月的一天黄昏，魏源在镇江码头又与好友林则徐重逢了。原来林则徐因鸦片战争遭贬革职，在被发配到新疆的途中，暂时在镇江停留，要与老友一叙。在魏源的住处，两位好友畅谈国事，互相勉励，抒发对民族忧患的悲愤之情。林则徐说："这次我在广东抗英，深感洋人得势的重要条件是船坚炮利。要反侵略、必须了解敌情，只有知己知彼，才能百战不殆。"接着林则徐打开一个布包，捧出一大捆书报，交给魏源，语重心长地嘱咐道："这是我在广东时派人从海外书报上译辑的全部材料，如今我将远去，不知何日才能返回，这些东西就交给你吧！望你能编写一种介绍海外各国情况的书，以使国人广开眼界，悟其御侮之道。"在这材料中有《华事夷言》、《四洲志》、《各国律例》等，对于了解西方各国的政治、军事、经济、史地，都很有参考价值。

魏源珍重林则徐的重托，并在林则徐的启发下认真地思索起来。在林则徐提供的材料的基础上，他还广泛地收集更多更新的资料。1840年7月，定海第一次被英军占领，侵略军为了进攻内地，派出人员刺探军情，绘制地图。一天，一名英国官员安突德正偷偷地在定海附近测绘地图，被当地老百姓抓获，扭送到宁波知府衙门。一个在知府衙门的友人，把这消息告诉了魏源。魏源立刻赶到宁波，亲自审讯安突德。安突德详细地交代了英国的对华意图和兵力部署、武器性能，还对英国的政治、经济、历史、地理等情况作了交代。审讯的结果，使魏源得到了大量资料。他以此为基础，旁征博引其它见闻，编写成《英吉利小记》，并把它作为《海国图志》的一部分。

魏源从收集的资料中，看到了西方的先进技术，结合鸦片战争失败的现实，认识到，西方的枪炮比中国高明，这在中英战事中已被证实。而朝廷的达官贵人饱食终日，夜郎自大，嘲讽西方技术是"奇技淫巧"、"形器之末"，这是多么可笑！在他看来，不学习先进的东西，就永远落后、挨打。只有向西方国家学习先进技术，中国才能走向富强。为了让中国人睁开眼睛看世界，魏源勤奋地伏案写作。

　　1843 年初的一天，魏源写完了最后一页。共 *50* 卷的《海国图志》凝结着魏源的心血，作为当时东方各国人民了解和抵抗西方的第一流的宝贵典籍，就这样诞生了。

　　在《海国图志》中，魏源完整地提出了"以夷攻夷"和"师夷之长技以制夷"两大反侵略的鲜明纲领。"以夷攻夷"就是利用西方各国之间的矛盾，使其互相制约；"师夷之长技以制夷"，就是学习西方先进技术为我所用，反抗西方各国的侵略。他还针对封建统治集团的腐败无能，提出改革内政的主张。为抵抗侵略、拯救祖国的中国人民指明了方向。

　　1844 年，美国、法国效法英国，强迫清政府签订中美《望厦条约》和中法《黄埔条约》，其他各国也纷纷接踵而至，获得了英、美、法同等的权利。目睹西方各国加速瓜分中国，魏源的"师夷之长技以制夷"的思想日益强烈，深感《海国图志》*50* 卷本的不足。于是，他广泛收集材料，进行了增补。增补的内容大多是对西方先进科学技术的介绍，如火轮船、地雷、水雷、望远镜等器械的制造和使用方法，并附有更多的插图，以便了解、制造和使用。*1852* 年，魏源将《海国图志》增补成 *100* 卷。百卷本《海国图志》大量地介绍了美国、瑞士等资本主义国家的民主政体，并给予高度赞扬，他已认识到，西方国家的资产阶级民主政体比中国封建君主专制政体进步。

　　《海国图志》的问世，标志着中国近代最早的进步思想家，找到了救国的新方向。《海国图志》不胫而走，受到进步人士的好评，对我国近代的反侵略反封建运动产生了很大作用。

　　《海国图志》传入日本，也被介绍到西方。日本思想家纷纷争读，并把它奉为"海防宝鉴"，在日本的明治维新的改革运动中，起到了相当重要的作用。

30. 詹天佑与京张铁路

每当火车驶过北京八达岭下的青龙桥站时，人们都会怀着崇敬的心情瞻仰屹立在那里的詹天佑铜像，缅怀这位中国近代工程技术界先驱的不朽业绩。

詹天佑，字眷诚，1861年4月26日出生于广东南海县。詹天佑7岁时入乡村私塾就读，但对"四书"、"五经"、八股文都没有兴趣，却对当时很少见的机器十分好奇，常常用泥土捏成各种机器模型玩耍。1871年，詹天佑被录取为中国第一批官费留美学生。

1881年，詹天佑作完题为《码头起重机的研究》毕业论文，获得学士学位。然而，就在这一年，清政府迫于国内顽固派的反对，中止了派遣留学生的计划，决定把官费留美学生全部撤回。同年秋，包括詹天佑在内的105名留学生返回祖国。

当时的中国社会还很闭塞，清政府对留学人员另眼相看，不予重用。詹天佑回国后无法施展所学之长，被派到福州船政局船政学堂学习驾驶。直到1888年，经留美学友邝孙谋的推荐，詹天佑才被中国铁路公司聘为工程师。作为外籍工程师的助手，开始了他为祖国修筑铁路的生涯。这时他已经28岁了。

詹天佑到职后主持的第一项工程是铺设塘沽到天津的铁轨工程。19世纪90年代初，詹天佑又参加了京沈线的修建工程，再次显露出他的才华。

京张铁路的建成是中国铁路发展史上的一个奇迹，也是詹天佑一生中的最大贡献。1905年清政府从自身的政治统治和经济需要出发，决定修筑京张铁路，并同意全由中国人自己修筑。众望所归的詹天佑被任命为京张铁路会办兼总工程师，负责整个工程的实施。消息传出后，国内外舆论大哗。一些外国人根本不相信中国人能够自己完成这样艰巨的工程，说什么"能够修建京张铁路的中国工程师还没有出世呢"，国内也有人嘲笑詹天佑"胆大妄为"、"不自量力"。面对这些压力，詹天佑不为所动，针锋相对地反驳道：修造京张路的中国工程师"不仅已经出世，且现在存于世也"，并且坚定地表示，中国人不仅可以用自己的力量建成京张路，而且还要做到"花钱少，质量好，完工快"。

京张铁路虽然只有 200 多公里，但却穿越燕山山脉，沿途山势陡峭，地形险要，施工艰难为他处所罕见。詹天佑满怀为国争光的激情，不辞劳苦地带领其他工程人员跋山涉水，往返数次，勘测了三条路线，最后确定了经过南口、居庸关、八达岭的现行路线。这条路线不仅比金达所测定的距离大为缩短，而且隧道工程也减少了 2000 多米。

在施工过程中，詹天佑以非凡的毅力和决心，全力以赴地进行工作。他把总工程师办事处搬到工地，日夜战斗在施工第一线。他不顾塞外凛冽的寒风和漫天灰沙，奔波于崇山峻岭之间，亲自指导施工，创造性地解决了一个又一个难题。修筑南口至八达岭的线路时，詹天佑为了减少长度和弯道，采用了千分之三十三的爬高坡度，设计了两辆机车推挽列车的配套方案，保证了行车的安全与速度。他创造性地运用"折反线"原理，在山多坡陡的青龙桥路段，设计了"人字形"（或称"之字形"）展线方案，使关沟的展线坡度降低到千分之三十三以下，八达岭隧道长度减少了一半。开凿八达岭隧道，最初只从两头开凿，每日仅能掘进二尺多，效率甚低。詹天佑见费时太久，便采用直井凿开法，使原来的两个工作面变成六个工作面，加快了工程进度。在詹天佑和广大员工的努力下，1909 年 7

月 4 日，路轨接至张家口。这条铁路自 1905 年 9 月动工，只用了 4 年的时间就大功告成，比原来计划提前了两年，经费节省了 35 万两白银。在半殖民地半封建的历史条件下，中国依靠自己的工程师和建筑工人，用不长的时间，建成难度大、成本低的京张铁路，的确是一个奇迹。这充分显示了中国人民的聪明才智，提高了国人自办铁路的信心，增强了民族自豪感。京张铁路的建成，使詹天佑誉满中外，从此，他的名字就与中国铁路事业紧密地联系在一起了。

31. 李四光确立"中国第四纪冰川说"

李四光（1889—1971），湖北省黄冈人。闻名中外的地质学家，地质力学的创立人，曾任中华人民共和国地质部部长、中国科学院副院长等职务。

李四光小时候曾跟父亲念过几年书，1902 年以第一名的成绩，考入武昌一所高等小学。入学后，由于他刻苦用功，一连考了几次第一名，按学校章程，被保送日本留学。1914 年，李四光又到美国伯明翰大学留学，并获硕士学位，然后，他谢绝了老师要他再深造几年和介绍他去印度当工程师的邀请，抱着把学到的知识尽快地贡献给祖国的赤子之心，回到了祖国，一直从事古生物学、冰川学以及地质力学的研究和教学的研究和教学工作。

李四光对地质研究的伟大贡献之一，是对第四纪冰川的研究，他提出的"中国第四纪冰川说"，震动中外地质学界。当时，北欧、北美等不少地方，都发现了第四纪冰川的遗迹。但有些外国地质学家，却武断地认为中国根本没有什么第四纪冰川，并且狂言"我们没有发现的东西，你们中国人永远也不会发现"。因为有无第四纪冰川涉及到亚洲大陆是不是早期人类的起源地之一的问题。借以宣传"中国文化西来说"、"西欧文化东渐论"等观点。李四光不盲目听信传统结论，坚持认识从实践中来的观点。1921年，他亲自到河北南部的太行山东麓的沙河县、山西大同盆地一带进行地质考察。在沙源岭一带考察时，他发现一些奇怪的大石头。它们有的像一间小房子那么大，大部分是由砂岩组成，孤零零地远离着大山。这些奇怪的石头引起了他的深思：在这附近根本没有基岩出露，这些砂岩巨砾怎么能在这里出现呢？是一般的水流搬运来的吗？不可能，水流是搬不动这样庞大而又笨重的石头的。

李四光仔细观看，发现这些石头不但有棱角，还有一个或两个磨光面，有的磨光面上面还保留有细长的条痕。此外，他还看到这些大小石块和巨砾是杂乱地分散在泥沙物质中间，并且不分层次。如果是流水搬运来的石头，那么就应该棱角不明显，或成卵圆形，而且在流水搬运的过程中，会被分选，大块的在后，小石块、小沙粒被运送在前。现在的情形完全不是这样。那么，什么东西有这么大的力量，能把这些大石块从老远的地方搬来呢？只有冰川的移动！原来这些大石块就是冰川的漂砾。这里保存的就是古代第四纪曾经发生过冰川作用的遗迹。

为了寻找更多更确凿的证据，李四光又在长江中下游、庐山、九华山、天目山及黄山等地考察。他不畏艰险，爬高山，攀悬崖，穿密林，涉深谷，终于发现了大量的冰川流行的遗迹，经过论证，肯定了第四纪冰川在中国普遍存在。李四光将多次发现先后写成了《华山晚近冰川作用的遗迹》、《扬子江流域的第四纪冰川》、《黄山第四纪冰川流行的确据》等文章，用不容否认的事实，强有力地推翻了国际上许多冰川学权威们断言中国无第四纪冰川的错误结论。第四纪冰川说的确立，不仅对地质学、地理学、人类学的研究有很大贡献，而且对社会主义建设中找矿、找水、筑路、架桥等工程建设，也有重要意义。

32. 范文澜窑洞中写"春秋"

范文澜（1893—1969）浙江省绍兴人。著名历史学家，中国共产党八届中央候补委员、九届中央委员，曾任北京大学、北京师范大学等校教授，中国科学院近代史研究所所长，长期从事《中国通史简编》的修订工作。

1940 年春天，著名历史学家范文澜来到了中国共产党中央所在地延安。消息不胫而走，当时延安的几个院校师生以及有关部门领导，还有范文澜的昔日好友都十分高兴，中央主要领导还亲自接见了他。

此时，正处于抗日战争时期，延安的住房条件、生活条件和工作条件都十分差。范老一家三口人，住的是一孔窑洞，吃的以稀饭为主，干饭很少吃，肉类几乎没有。每人每月发几张边区生活补贴票，用来买一点儿日用必需品或其它东西。工作条件那就更不用说了，范老的书房、餐厅、厨房以及寝室全在这孔窑洞里，挤得都看不下去了。最里边一个简易大木床，靠窗处是他自己找来的几块木板、四条木棍，别人帮助做成的简易桌子。看书写字时，它是书桌，吃饭时，它又成了餐桌。在桌子的后面摆着一个长条凳子，谁能想到，一个著名的历史学家就是在这种条件下开始了《中国通史简编》的写作。

他伏在"桌子"上夜以继日地写着。晚上是没有电灯的，只有一盏小油灯。点灯的油只有蓖麻油，窑洞里烟雾迷漫，熏得范老睁不开眼睛，而且咳嗽不止。油灯发出的光很暗，他只好把头贴近灯写着。实在太累了，就把身子靠在窑洞的土墙上稍稍休息片刻，并用纸卷着当地出产的烟叶抽几口，解解乏。接着，便又马上写了起来。由于延安的纸张极为缺乏，范老用的稿纸质量很差，反光很厉害，非常刺激眼睛，……就是这样，范老还是不顾一切地写着。

到了 1945 年，抗日战争胜利时，范文澜在极其艰难的延安窑洞中写出了《中国通史简编》上、中、下册，共记九十万字，《中国近代史》约二十万字，并发表了很多篇论文，对中国史学界影响极大。

33. 茅以升主持建造钱塘江大桥

茅以升（1896—1989），江苏省镇江人。中外著名桥梁工程学家，中国科学院学部委员，曾任中国交通大学、北方交通大学校长。

1916 年，茅以升完成学业，并以优异的成绩考取了赴美国官费留学生。他首先在美国康奈尔大学土木工程系学习桥梁专业。仅一年的时间，就获取了硕士学位。1917 年，茅以升一边在美国匹兹堡桥梁公司作实习生，一边在加利基理工大学夜校攻读博士学位。1919 年完成的博士论文《框架结构的次应力》，深得母校土木工程系主任贾柯贝教授的赏识，特地推荐给康奈尔大学，获菲蒂士金质奖章。之后，他回到了祖国。

1933 年，浙江省给正在天津学校工作的茅以升来电，请他去杭州，任钱塘江大桥工程处处长，主持并领导建造钱塘江大桥。

当时，很多人认为，在钱塘江建桥是不可能的事，因为钱塘江水深流急，海潮汹涌，潮水和流沙都是别处罕见的。潮水来时，潮头壁立，破坏力量惊人。流沙是极细极轻的沙粒，一遇水即被冲涮走。江底石层上流沙覆盖，深达 40 多米，在杭州一带有"钱塘江无底"之说。但是，茅以升却知难而上，冲破重重阻力，毅然召集专家在充分调查研究的基础上，认真地制定出建桥方案。

1935 年，钱塘江大桥正式开工，碰到了一个又一个困难。茅以升的母亲把这比作唐僧西天取经，要经历九九八十一难。水中打桩，由于泥沙层太硬，打轻了下不去，打重了桩就断。一天一夜只能打 3 根，每个桥墩要打 160 根桩，整座桥 9 个桥墩 1440 根桩，要什么时间才能打完呢？茅以升与工程技术人员、工人们一起研究出"射水法"，改进了技术，一昼夜能打 30 根桩，总算闯过了这道难关。

打好木桩后，要把钢筋水泥做的沉箱运到江里，准确地套在木桩上。经过几番挫折，沉箱放好了，却往下游浮去，撞坏了轮渡码头。茅以升又和大家一起总结经验，终于成功地将箱子落在木桩上。为了检查沉箱能否和 160 根木桩对准位置，茅以升亲自下到深水中去察看。沉箱在水下 30 多米处，就是身强体壮的年轻人在下面工作时间长了，也会头晕眼花，甚至口鼻出血。茅以升不顾这些，冒着生命危险，亲自下到水中，伸手去摸那些木桩和沉箱，边摸边数。忽然，他觉得头晕口渴，耳朵嗡嗡作响，身上冒虚汗。他知道这是对水下高温高压不适应的反应。他没惊动别人，自己慢慢地爬上铁梯到气压室里休息了一会儿，接着又下去数，一直数到 160 根，才放心地离去。

后来，由于改进了技术，采用基础、桥墩、钢桁、桥梁几项工程上下并进的施工方法，"射水打桩法"、"气压沉箱法"和"钢桁架梁浮运法"，全部工程实现半机械化施工。

仅仅用了两年半时间，大桥全部完工。这是我国第一次自己设计和主持建造的近代化铁路、公路两用桥，有力地支援了当时的淞沪抗战和军民撤退。它使我国的桥梁史出现了新的一页。茅以升和钱塘江大桥一起永留人们心间。

34. 侯德榜勇闯制碱难关

侯德榜（1890—1974），福建省闽侯人。世界著名制碱专家，我国著名的化学家，化学工业的奠基人。

本世纪初，我国还没有自己的制碱工业。国内需要的纯碱，大部分从英国进口。由于第一次世界大战期间欧洲和亚洲之间交通不便，英国在中国的卜内门公司不肯存货，卡住了中国民族工业的脖子。不但做馒头、油条需用碱，而且碱还是玻璃、造纸、纺织染料、有机合成纤维等许多工业的基本原料。爱国实业家范旭本先生创办了天津水利碱厂，但由于外国人垄断着制碱法，水利碱厂面临着重重困难。

1921年学成回国的侯德榜，勇敢地挑起了水利碱厂总工程师的重担。水利碱厂采用国外制碱法原理，开始了我国自己制碱的尝试。试制的这一天来到了，可是机器开动不久，30多米高的蒸氨塔突然发出巨响，摇摇欲倒，人们吓得纷纷夺路而逃。侯德榜不顾自身安危，临场指挥，急令停车。接着，他就和工程技术人员一起亲自登塔检查，排除了故障。夜深了，侯德榜还未来得及吃饭，一位工人气喘吁吁地跑过来，"侯总工程师！不好了，干燥锅停转了，湿碱在锅里结疤了"。侯德榜急忙跑到烤碱车间一看，一股热气迎面扑来，干燥锅在高温下停止了转动。侯德榜抄起一根木铁杆就往干燥锅里

147

捅，但是结疤的湿碱又热又粘，根本弄不动。由于几天的疲劳和高温的熏烤，侯德榜昏倒在大锅旁边。

第二天，他又穿起工作服来到了工地，经过反复试验，进一步提高干燥锅的温度，终于成功地制出颜色洁白、碳酸钠含量达99%以上的纯碱。1926年，中国永利碱厂生产的"红三角"牌纯碱闯进了在美国费城举办的万国博览会，并获得了金质奖章。后来永利碱厂的日产量高达250吨，纯碱不仅供应中国，还远销日本和东南亚各国，为中华民族争了光。

碱是制出来了，然而仍然存在着缺点，那就是在制碱过程中所用的原料都只利用了一半，食盐中的钠和石灰中的碳酸根结合成了需要的碳酸钠，但是食盐的另一部分氯和石灰的另一部分钙，却化合成了当时还没有多大用途的氯化钙。同时，在反应过程中还有30%的食盐没有起反应。侯德榜从1939年开始改进这种工艺，终于在1943年创造发明了联合制碱法。这种联合制碱法的成功，是世界上制碱工艺上的新突破，引起了国际上强烈的反响。侯德榜也因此获得英国皇家学会、美国化学工程学会会员的称号。中国化学工业技术，也在侯德榜的努力下，一跃跨上了世界舞台。

侯德榜1913年写成的《制碱》一书英文版，将他发明的制碱法的全部秘密第一次完整地公布于世。此书一出版，就被世界学术界认为是制碱专著的首创，该书发行到世界许多国家，侯德榜也由此名扬四海。

35. 吴有训验证"康普顿效应"

吴有训（1897—1977）江西省高安人。著名物理学家、教育家。

解放前，任中央大学校长，解放后任中国科学院副院长等职务。

1921年秋，24岁的吴有训以优异的成绩毕业于南京高等师范学校。1922年12月，吴有训来到美国芝加哥大学攻读物理学博士学位。他非常幸运，导师竟然是世界一流的物理学家、卓越不凡的康普顿教授。康普顿教授由于提出了：电子以及其它基本粒子的"康普顿波长"概念而名噪一时。刚到芝加哥时，康普顿那独特的教学方法，吴有训很难适应。一年后，吴有训完全适应了芝加哥大学研究生的学习生活，并且已不满足于掌握课堂上、书本里的知识，他开始勇敢地向当时世界物理学的尖端冲刺，对导师康普顿教授正在研究的 X 射线散射现象产生了浓厚的兴趣。因为吴有训已经掂量出导师的这项研究的意义，比爱因斯坦用光子、光量子成功地解释光电效应意义更加重大。所以对康普顿教授发现的每一点研究成果，吴有训在完成自己的课程之外，都尽力亲自用物理实验去加以证实。结果，有的无懈可击，有的不尽完整，他都一一做了详细记录。

一次，康普顿教授作了《关于 X 射线散射现象分析》的讲学，（即后来被学术界承认的"康普顿效应"），两个半小时的讲学结束后，教授情真意切地征求大家的意见，顿时大教室内外寂静一片。有谁能对这世界上第一流的物理研究成果提出异议呢？就在这庄严的时刻，吴有训从第五排的座位上站了起来，他从容不迫地说："康普顿教授目前的实验结果，是令人信服的，……由于康普顿教授研究的课题太重要了，必然引起许多人的注目，其中就包括我在内。我用业余时间做了一些实验，有些结果与教授的结论略有差别，现在提出来或许可供教授参考。一是关于 X 射线散射的强度问题，二是 X 射线散射后的光谱图问题……"接着，吴有训将自己的实验经过、结果，以及对于整个实验的估价作了详尽的分析，全场给以热烈的掌声。康普顿教授兴奋地走到吴有训的座位前，紧紧握着他的双手，并邀请他当晚到家中作客，康普顿把自己多年研究成果的论文以及实验记录送给吴有训看，他对这个来自东方黄土地上的年轻人太欣赏了。

从 1922 年 3 月到 1924 年 7 月，吴有训亲手做了 120 余次物理实验，整理了近百万字的笔记。通过这一系列研究和实验，他在可以充分证明康普顿效应中发现，康普顿效应很可能成为量子物理学的核心，同时也意味着，一个划时代的世界创举即将诞生。经过耐心细微的工作，吴有训用 X 射线散射元素测试粒子动量的愿望，终于获得成功。并且由三种、五种、七种元素的散射向第十五种元素冲刺时，他病倒在实验室里了。

躺在医院的病床上，吴有训说着胡话，胡话的所有内容都跟 X 射线的实验有关。从医院出来后，吴有训马上投入了 X 射线散射的研究工作。他仅用了三个月就创造出一张被十五种元素所散射的 X 射线光谱图。这张光谱图将作为康普顿证实其理论的主要依据。后来，这张图也被吴有训纳入了自己的博士论文《论康普顿效应》之中。

1925 年年初，康普顿教授在美国哈佛大学的讲台上，满怀信心地公布了他的研究成果："关于 X 射线散射光谱的实验结果"。消息传出，轰动美国和全世界，然而，事情并非一帆风顺。哈佛大学、也是现代世界上著名的实验物理学家 P·W·布里基曼教授，以自己那细致、慎重的态度，依据"康普顿效应"的物理原理，不厌其烦地亲手做了这一实验，出人意外的是，竟然没有能够重复康普顿教授的效果。于是，布里基曼教授毫不迟疑地在讲台上向大家介绍了这一情况。由于哈佛大学以及布里基曼教授的盛名，人们不能不对"康普顿效应"这一重大发现表示怀疑。一时间，非议和指责传遍哈佛、芝加哥，全美国，乃至全世界。事情传到了吴有训的耳朵里，他万分焦急，但他仍然坚信康普顿教授是世界第一流的物理学家。想到这里，他急忙走进实验室，再一次查对了所有数据，又亲手做了三次实验，结果丝毫无错。吴有训连晚饭也顾不得吃，当夜就乘飞机赶到了哈佛。

第二天下午，哈佛大学的大教室里坐满了来自世界各国的物理学家、学者和教授。他们要听听康普顿的得意门生吴有训的补充讲演和实验结果，看看这个年轻人有什么高见。年仅 27 岁的吴有训第一次登临世界讲台，他不慌不忙，风度潇洒。他终于用他那无可辩驳的补充讲演、流畅生动的英语口才以及当场所表演的物理实验，博得了全场热烈而经久不息的掌声。台下的康普顿教授流下了激动的泪水。原来持怀疑态度的布里基曼教授走了过来，紧紧握着吴有训的手，说："吴先生，我很信服你的实验，我要说你不愧是一位物理实验大师"。吴有训终于用自己那艰苦的实验与严格的计算、分析和整理工作，充分证实了康普顿的 X 射线量子散射理论——"康普顿效应"。

"康普顿效应"这一伟大的发现，无论在理论和实践上，都有着极其深远的意义。康普顿因发现"康普顿效应"获得了举世瞩目的诺贝尔物理学奖。

中国留学生吴有训的《论康普顿效应》博士论文，也轰动了全世界，为我们伟大祖国赢得了极高声誉。至今，这篇论文仍保存在芝加哥大学的图书馆里，成为世界物理学史上光辉的一页。

36. 林巧稚冒险抗"癌"

林巧稚（1901—1983），福建省厦门人。闻名中外的妇产科专家，中国科学院学部委员中的第一位女科学家，曾任中国医学科学院副院长。

1929 年，林巧稚经过八个艰苦的春秋，以优异的成绩获得医学博士学位，并且被挑选留在北京协和医院工作，后来任协和医院妇产科主任，她是协和医院妇产科第一位中国籍女主任。

林巧稚毕业从事妇产科的教学、医疗和科学研究工作，擅长于疑难病例的诊断与处理。她的事业始终和病人联系在一起，她的一生奋斗目标是："让所有的母亲都高兴平安，让所有的孩子都聪明健康"。她认为，不理解病人，不同情妇女，就算不上一个好的妇产科大夫。她曾主治过这样一个病人：这是一个多年盼望做母亲的人，在怀孕之后被诊断为宫颈癌，要住院手术，切除子宫，这就意味着孩子不能保全，今后将完全失去生育能力，这对于个人、家庭来说，无疑是痛苦和不幸。

作为一名医生开刀病除，算是尽到了责任，但林巧稚在对患者进行一番认真检查之后，又仔细查看了病人的病理切片，意外地发现，病理切片中的活体组织不那么发脆发硬。这本来不易被人注意的细微之处，使她心里一动，这似乎与一般恶性病变的组织有点不同，会不会是良性肿瘤在怀孕期的特殊变化？她马上找到病理科教授会诊，提出自己的看法。从事病理研究几十年的老教授张锡钧，虽然不相信自己的分析会有错误，但还是被林巧稚说服了，同意了她那有些冒险的治疗方案：暂不做手术，严密观察肿瘤的变化，并做好一切应急准备。此后，每隔一周，林大夫都为病人作一次检查，亲自观察病变情况。然而时间一天天过去了，肿瘤并未长大。冬去春来，胎儿成熟了，剖腹产出。奇迹出现了，患者的宫颈肿物居然消失了。原来，林巧稚的推断是正确的。她不仅以崇高的医德挽救了一个新生命，而且以高超的医术，引出了妇科学上的新问题。

几年之后，医学界终于回答了这个问题，那例产妇所患的宫颈肿物是一种特殊的妊娠反应——脱膜瘤。它虽然具有瘤的形态，但并不是真正的瘤，更不是什么恶性肿瘤。林巧稚就是以这样高度的责任感对待病人，对待自己的事业。正因如此，她一生撰写著书十几部，成为我国现代妇产科学的奠基人之一。

37. 童第周借钱买显微镜

童第周（1902—1979），浙江省鄞县人。世界著名生物学家，实验胚胎学家，我国实验胚胎学的主要开创者。曾任海洋研究所长、中国科学院副院长。

童第周小时候，由于家庭贫困，17 岁才上中学，后考入复旦大学。1930 年，怀着为祖国科学事业做出贡献的热情，留学比利时。从比利时学成回国后，来到位于青岛的山东大学，希望能在这里从事海洋生物的研究。但是，由于日本的侵略，山东大学往南迁移，不久又解散了。

1939 年，童第周和夫人叶毓芬被困在四川一个小镇上，他们生活很困难。但是，不搞科学研究更难受。要搞研究，可连起码的仪器设备都没有。一天，童第周从外面兴冲冲地回家，一进门就高兴地叫着："毓芬！毓芬！我发现了一件宝贝！"原来，他在回家的路上，在旧货商店里发现了一架双筒显微镜。夫妇俩赶紧跑到商店去看，轻轻抚摸。童第周问商店老板："要多少钱？"老板顺手指了指显微镜上的标价："这里标着呢，先生，六万块！"夫妇俩都把手缩了回来。六万块，等于他们夫妇俩两年的工资。他们只好叹口气，恋恋不舍地离开了商店。

晚上，夫妇俩还在商量怎样才能买下这架显微镜。第二天，他们又像着了魔似的跑到商店去看，一看标价又变了"六万五"。"老板，不是六万块吗？""那是昨天的价钱，今天物价涨啦，先生！"

叶毓芬知道丈夫十分需要这架显微镜，就对他说："有办法了，你不是有几位热心科学的亲友吗？就先向他们借，以后咱们慢慢地还"。"可是，说不定咱们一辈子也还不清这笔债呀！""为了事业，一辈子受苦也甘心！"他们东奔西跑，求亲告友，终于借钱买下了这架显微镜。

显微镜一到手，夫妇俩立刻紧张地进行实验工作。一篇篇高质量的科学论文发表了，立刻在国内引起了强烈反响，更引起了生物学界的普遍注意。

一天，著名的英国生物学家李约瑟来看望他们，要求看实验室，没想到，看了半天，只看到一架被严密保护的显微镜，不禁高声赞叹说："奇迹！奇迹！科学史上的奇迹！在这样艰苦的条件下，写出那样高水平的科学论文，简直不可思议！"

38. 任弼时刻苦练字

任弼时的童年，是在湘阴县农村度过的。他的父亲任振声是一个爱国的贫苦知识分子，在乡村里教书。一天，父亲正在给学生们讲故事，说的是古代著名书法家王羲之，常年累月坚持练习写字，天天洗笔洗砚台，把房前一个大水池里的水都染黑了的事。父亲一抬头，发现刚满五岁的任弼时站在教室门口，瞪着黑黑的大眼睛挺认真地听着。父亲问他："你到这儿来干什么？"任弼时鼓着腮帮子，眨巴着眼睛说："我要写字"。

父亲被儿子这种认真的神情逗乐了，走到他跟前，摸摸他的脑袋说："你还不到读书写字的年纪哩，乖乖快去玩吧！"

任弼时却趁势紧紧拽住父亲的衣襟，执拗地说："我不玩，我要像王羲之那样读书写字……"他的小脸蛋因为着急涨得通红，看来不答应他的要求是会纠缠不清的。于是，父亲拿来了纸笔和字帖，让他在教室后面一张书桌上临帖。

任弼时个子还没书桌高。他想了想，从里屋搬来一张大靠椅，又把自己平时当马骑的小板凳找来架在靠椅上，爬上去坐好，磨好墨，铺上白纸，像父亲要求的那样悬着手臂临着字帖写起来。哎哟，毛笔怎么这样沉哪！任弼时的手发颤，想写一横，却画成了一道水波浪，想写一竖，又画成了一株东倒西歪的小秧苗。不一会儿，他的手腕发酸了，手臂悬疼了，可写出来的字不是胳膊长就是腿短。他抬头望望父亲，正遇着父亲鼓励的目光，于是又认真写下去。放学以后，父亲见任弼时用左手按摩着又酸又胀的右臂，笑着问他："明天还写字吗？"任弼时把头一扬，坚定地回答："写！"从此，他在父亲的指导下，坚持天天练字。

夏天，学校里放了暑假，任弼时练字的时候更多了。一天，他正细心地揣摩着字帖上的笔划，一撇一捺地写字。突然，一阵讨厌的南风从窗棂中窜进来，掀起铺在桌上的白纸，这下可好，一竖变成了一只钓鱼钩。任弼时一生气，咚咚咚地跑过去把窗户通通关了起来。这样，屋子里更加闷热。写着写着，汗水把他的白布小褂湿透了。任弼时干脆脱掉小褂，光着膀子写。不一会儿，汗珠又从脸蛋上顺着脖子流到手臂，滴在纸上，任弼时心里一急，把手臂狠狠一甩，想把汗珠甩掉，谁知用力过猛，"咣啷"一声，连人带小板凳一起从大靠椅上摔了下来，手上的毛笔一下子戳到脸上，画了个大花脸。妈妈不知发生了什么事，忙跑了过来，看他手臂擦出了血，脸上涂着墨道道，又着急又好笑，一边问他摔伤了没有，一边埋怨说道："大热天，就别练字了吧！"任弼时不等妈妈伸手来扶，一骨碌从地上爬起来，眼眶里还带有泪水，可他却装着什么事也没有发生似的，笑着对妈妈说："勤练才能把字写好嘛！"说着，把小板凳搁好，连脸上的墨道道也顾不上擦，又爬上去练起字来。

后来，他终于练出了一手好字，为参加革命所从事的领导工作，起草、批阅并修改文件创造了良好的条件。

39. 李贵真和她的跳蚤

李贵真（1911— ），山东省恩县人。我国著名生物学家，有"跳蚤专家"之称。

李贵真从小在农村长大，喜欢各种各样的小昆虫。中学毕业后，她决心献身于祖国的生物科学。1937年，她从齐鲁大学生物系毕业后就奔赴贵州。那时，贵州、云南各省鼠疫大流行，万户萧疏，数以万计的人挣扎在生死线上。跳蚤是传播鼠疫的重要媒介。研究跳蚤的形态、种类以及活动方式等，是控制和消灭鼠疫的有效手段。旧中国，统治阶级根本不关心人民的死活，也根本不重视对跳蚤的研究。当时年仅27岁的李贵真勇敢地、吃力地开垦起中国生物学的这块处女地——蚤类学。

要研究跳蚤，首先要捕捉跳蚤。跳蚤像芝麻粒那么大，非常善蹦善跳，很不容易捉到。人体和动物体既是跳蚤活动的场所，又是它吃饭的地方，它是真正的寄生虫。捕捉跳蚤对人体有一定的危害。跳蚤一旦跳上人体，钻入衣服内，就很可能带来传染病。李贵真对这些全然不顾。为了捕捉到各种各样的跳蚤，她翻山越岭到树多林密的动物身上捕跳蚤，因为野生动物生活在潮湿的树叶、草丛中，这种条件正适合于跳蚤生存、生长。可是，野生动物是不让人靠近的，李贵真就向当地猎人学会了打猎。用枪打死动物后，她赶紧跑过去，把早已准备好的一块白布放在动物体下，然后，仔细寻找躲藏在动物身上的跳蚤。动物体温一降，跳蚤就会向四处乱蹦。离开动物体的跳蚤跳到白布上，李贵真便迅速地用蘸了酒精的棉花团将那"黑点"按住，小心翼翼地装入玻璃瓶里。

李贵真不但学会了用枪打死猎物，还学会了挖陷阱捉活动物的方法。她把捉到的小动物放到笼子里，再把笼子放到水盆上，跳蚤一跳就掉到水中。李贵真常常守候在水盆旁，慢慢把水中的跳蚤捉上来。她也常常让伙伴守在洞口，自己钻进那又臭又脏的野兽洞中，细心寻找跳蚤。她翻山越岭不知磨破了多少鞋底、划破了多少衣服。这对一个年轻的女大学生来说，要顶住来自社会的世俗偏见，要经得起大自然的考验，谈何容易。可她硬是经得住了考验和偏见，从 1938 年起，硬是用了几十年的时间，夜以继日地研究这小小的特殊昆虫。

李贵真捉到跳蚤后，还要经过极复杂的制标本过程。制成标本后还要认真鉴定，整天用显微镜观察跳蚤，在纸上耐心地画下它的形态。有时一画就是几个月，在这枯燥单调的工作中，一种又一种中国新跳蚤被发现了。中国蚤类学这门空白的学科也渐渐发展充实起来。后来，李贵真写出了《跳蚤》和《蚤类概论》等著作。《蚤类概论》被认为是"我国蚤类研究工作的一种初步总结，是我国昆虫学、医学昆虫、蚤传性疾病流行病学、医学界和卫生界不可少的一种参考书"。国际生物学界认为这是"关于中国蚤类学的权威性著作"，它的内容被生物学界的外国专家学者所引用。

40. 钱伟长和"钱伟长方程"

钱伟长（1912—），江苏省无锡人。我国著名力学专家。曾任清华大学教务长、副校长、中国科学院力学研究所副所长等职务。

1935 年，经过艰苦的努力，钱伟长大学毕业了，并且考取了清华大学研究院物理系的研究生，在导师吴有训教授的指导下，开始了 X 光谱的研究。

抗日战争爆发后，他来到昆明，在清华、北大等校组成的西南联大继续着自己的学业和研究工作。1940 年夏天，他又考取了留学生，来到了加拿大多伦多大学，在著名力学家门下从事研究工作。

到加拿大几天后，导师把钱伟长叫到他的办公室，问他准备做些什么。钱伟长说，他准备继续研究板壳的内禀统一理论。并说，潜水艇的外壳是椭圆形壳体，而飞机的机身又是不规则的圆形壳体，还有些物体是锥形壳、球形壳、筒形壳等。处理一种壳，就要有一个方程式。这些似乎各自独立的方程式，其中有共同的联系。世界并不需要那么多、那么复杂的方程式，应该找到它们之间的联系。导师听钱伟长一口气说出的想法，非常高兴，鼓励他努力去做，有什么困难一定给予支持。

钱伟长求索攻坚一向是十分专注的，现在表现得更是如此。他从早到晚"泡"在图书馆里，查阅、思考、演算……经过半年的时间，他运用数学的张量分析原理，终于找到了那个统一的方程式。钱伟长和导师一起写出了《弹性板壳的内禀理论》，发表在美国加利福尼亚理工学院的学报上。

在论文里，钱伟长提出的板块理论的非线性微分方程组，被国际上称为"钱伟长方程"，当时，他年仅 28 岁。此后，钱伟长在力学研究领域从不停止，发表了一百多篇论文，写出了十余部专著。对国际物理学界有一定影响。

41. 与自己和净水搏斗的探索者蔡建宇

据国内外生理学资料表明，小肠切除 50% 的人将丧失工作能力，而少于 60 厘米则不能生存。令人难以置信的是，一个小肠切除 90% 以上，只剩下 48 厘米的人，竟在净水研究领域中探索不止，闻名遐迩。他就是广州军区净水研究所所长、二等甲级残疾军人蔡建宇。

1967 年，在越南战场执行任务的蔡建宇患了"急性坏死性小肠炎"。医生在坑道里为他连续做了两次手术，把他从死亡线上"拽"了回来。一个被医学上宣判为失去工作能力的科学工作者，并没有泯灭一颗为祖国、为人民贡献终生的赤子之心。蔡建宇想："一个共产党员，只要心脏还在跳动，就要为党工作！"他决心在净水世界寻找自己的星座，生命萌生了新的希望。腹部还插着 4 条引流管的老蔡，再也躺不住了。他用一块木板撑在胸前，靠在床头开始了植物净水的研究。一年零七个月的病房生活，他不仅活了下来，还设计了几十种植物净水方案……

不能站着，就坐着干。不能坐着，就躺着干。蔡建宇横下一条心，把家当成实验室。在妻子和同志们的协助下，他躺在竹榻上顽强拼搏。没有资料，没有经验，简陋的条件迫使他用原始的工具去攻克现代科学的堡垒。仅仅为摸索一道工序，他就进行过上百次实验，煮破了几十个瓦盆、瓦罐。有志者事竟成。经过几千次失败，他终于找到了30多种净水植物和5种净水剂。在6年多的时间里，蔡建宇和同志们带着科研成果深入连队，深入基层，从西沙群岛到北大荒，都留下了他们的足迹。长江、黄河、湘江、珠江，数十条江河映过他们的身影。6年中，蔡建宇因下肢静脉高位栓塞、尿崩症和静脉炎三次入院，每一次他都凭借顽强的意志摆脱了死神的纠缠。

1978年全国首届科学大会以后，蔡建宇率领研究小组又向"次氯酸钠净水发生器"这一课题发起进攻。经过两年来的数百次试验，蔡建宇研制成功的这种净水装置的核心部件——电解阳极的使用寿命长达25000小时，超过了日本7000小时的指标。这一成果，1984年荣获全军科技成果一等奖和1985年国家科技发明三等奖。蔡建宇的快速净水法和水消毒器享誉海外，美、英、法等国的专家争相前来参观。世界卫生组织三次来索取研究资料。

近年来他们又相继研制成功监测水质的"浊度计"和"余氯比色计"，进一步完善了评价水处理效果的仪器。

蔡建宇荣立过一等功1次，二等功2次，三等功8次，是全军的先进工作者。他虽病魔缠身，他仍与自己的疾病作斗争，执著地在净水世界里求索攻坚，奋斗不止。

42. 中国的洲际导弹总设计师屠守锷

屠守锷，1917年12月5日出生在浙江湖州的一个职员家庭。他上中学时就怀着"工业救国"的理想用功读书，学业名列前茅。抗战爆发后，他在清华大学就读期间目睹旧寇飞机横行无忌、轰炸无辜的暴行，便萌发了学习飞机制造，亲手设计出自己的飞机，以抗击敌机侵略的强烈愿望。于是从机械系转入到新开设的航空系，改学新的航空专业课程。*1941* 年夏，屠守锷以优异成绩考取清华留美公费生，进入美国麻省理工学院攻读航空工程，获航空工程硕士学位。

抗战胜利后，屠守锷带着新的希望，怀着一腔报国热血，辞去了在布法罗寇蒂斯飞机工厂谋得的工程师职位，毅然远涉重洋回国。然而国民党政府发动内战，使屠守锷兴办航空实业之梦破产，他便把报国之志倾注到培养航空人才上，遂到西南联大任教，专门开设航空课程。*1947* 年，他在清华大学接触共产党人，吸取进步思想，走上革命道路。*1948* 年末，在黎明前的黑暗时刻，屠守锷秘密加入中国共产党，从此更自觉地把自己的一生献给党的事业。北平解放后，屠守锷先后在清华大学、北京航空学院任教，担任过副教务长、系主任和院长助理，为新中国的航空教育事业倾注了极大热情，培养了第一代航空专业人才。

1957 年 *2* 月，由聂荣臻元帅亲自点将，屠守锷调到国防部第五研究院。这是他一生中的重大转折，从此便紧紧地与航天联系在一起。他后来回忆说："那时并没有多想，只是服从组织的分配，从头学起，为国防事业出把力。我们那一代人都是这样，不计较个人得失，不是为个人的某个目标，而是心甘情愿默默无闻地去干祖国需要的事业。"

屠守锷满怀信心地走上了新的工作岗位，主持火箭结构强度与火箭总体的研究，没有资料，没有图纸，开始摸索实践，创造条件边学边干，向一项崭新的工作进军。*1957* 年 *9* 月，他作为聂荣臻元帅率领的中国政府代表团的顾问，赴莫斯科参加谈判，促进了苏联提供火箭技术的援助，中国开始了第一枚 P – 2 导弹的仿制工作。*1960* 年，苏联撕毁合同，撤走专家，终止技术援助，给刚刚起步的中国航天事业带来严重困难。在这种境况下，屠守锷铿锵有力地说："人家能做到的，不信我们做不到"。在他和广大科技人员的努力下，奋发图强，自力更生，很快闯过了仿制关，并转入了自行设计的发展阶段。

1961 年，屠守锷被任命为国防部五院一分院副院长，不久又兼任总体设计部主任，作为钱学森院长的助手，全面负责导弹研制的技术工作，着手导弹改型设计和技术攻关，先后主持了多种型号的战略导弹和运载火箭的研制工作。

1962 年 3 月，中国自行设计的第一枚中近程导弹在首飞试验中坠毁，广大科技人员无不痛心疾首，一时之间失望的情绪笼罩在人们心头。在钱学森的领导下，屠守锷临危受命，担负了分析查找失败原因的任务。他协助林爽总设计师，指导设计人员开展全面的研究，进行各种环境的模拟分析，做了上百次分系统和总体试验，经过大量的数据处理，反复进行比较、分析、综合，查明了原因，采取了措施，对导弹设计进行改进，终于突破了技术难关。1964 年 6 月 29 日，这种自行设计的导弹再次发射获得成功，后来这种命名为"东风 2 号"的中近程导弹连续发射 8 次试验都告捷。

1965 年 3 月，国家决定尽快把我国的洲际导弹搞出来，要求 1971 年试飞，1973 年定型。屠守锷担任了洲际导弹的总设计师，很快就拿出了洲际导弹的设计方案。在研制中，他大胆采用各种最新技术，特别是采用了平台计算机制导系统、高可靠大型火箭发动机、高强度铝铜合金箱体结构、精密电液伺服机构等，使洲际导弹在运载能力、制导精度和可靠性等方面达到了先进水平。在总装测试的 100 天中，他始终坚持在第一线，及时处理问题，保证可靠的质量。1971 年，在这种导弹发射前，周恩来总理在听取汇报时关切地问："屠总，你认为这枚导弹可以发射吗?"屠守锷毫不迟疑地回答："我们该做的工作都做了，目前它的性能状态是良好的。我们认为，这枚作为首发试验的导弹，应该尽快试验，以便进一步检验我们的设计方案，从中找出不足。"*1971年9月*，第一枚洲际导弹首次飞行试验基本获得成功。但由于"文革"打乱了正常的秩序，屠守锷和许多专家受到冲击，洲际导弹的全程飞行试验受到严重影响。屠守锷在"文革"风雨的吹打中得到了锤炼和考验，在被批斗时期还坚持天天上班，埋头工作，查资料，审图纸，搞实验，算数据，提出改进的新设想。甚至在批斗会上，他还凝神屏气，镇静自若，心里在验算着数据或思考着方案，为提高可靠性进行重大设计修改。*1975年11月*，用这种导弹改装研制的"长征2号"运载火箭成功发射了返回式卫星。屠守锷为自己付出心血结出的果实而感到欣喜。

1980年5月9日，新华社发表了中国向南太平洋预定海域进行发射远程火箭试验的公告，引起世界瞩目。屠守锷整整等了这次飞行试验9年，也努力奋战了9年。在这9年中，他度过了无数不眠之夜，还经常深入到研制和试验的工作现场，随时精心分析和解决新发现的各种技术问题，不放过任何细枝末节。为了提高火箭的可靠性，解决火箭的一些技术关键，他深入到各个研制和试验基地，大江南北，大漠高原，到处都留下了他艰辛的足迹。洲际导弹身上的数以万计的零部件必须全部处于良好的工作状态，哪怕有一个接触点出现毛病，都可能造成发射失败。屠守锷带着各个岗位的人员进行严格的检查，查出了几根多余的铜丝，把任何一点隐患都消除在发射之前。即使在率队奔赴酒泉发射基地的列车上，他还在思考着每一次方案决策、每一项技术措施、每一个薄弱环节……在发射基地，他身着工作服，在导弹测试阵地和发射阵地，在测试间和塔架前忙碌检查，做到慎之又慎，细之又细，不放过一个疑点。当洲际导弹在发射台上竖起来之后，他甚至不顾连日劳累，爬上数十米高的塔架，做最后的临射检查，并胸有成竹地写下了千钧之重的"可以发射"四个字。当这枚洲际导弹呼啸腾空，越过赤道，准确命

中万里之外的预定目标时，屠守锷这个名字也随之传向世界，享誉全球。

在人们欢庆洲际导弹发射成功的时候，作为总设计师的屠守锷又不声不响地扎进了新的工作中，分析研究各个方面报来的数据，冷静地思考着那些还没有解决的问题，探索着新的目标。他不喜欢出名，不爱抛头露面，对鲜花掌声、赞扬祝贺不屑一顾，乐于不动声色，甘于默默奉献，只是在进一步考虑洲际导弹如何尽快定型，如何改作航天运载工具。他根据卫星发射的需要，又主持了对"长征 2 号"火箭的适应性改进，提高其运载能力和技术性能。他在此基础上研制成功的"长征 2 号"丙运载火箭，自 1982 年投入使用以来，连续十多次成功发射科学试验卫星和国土普查卫星，在国民经济建设中发挥了重要作用。

屠守锷从国家高科技发展战略出发，研究了开发航天技术将带来的巨大经济效益，能够极大地促进经济的发展。因此他提出应像在南极建立自己的工作站那样，早下决心开发空间技术。他令人信服地例举了发展卫星对普及全民教育、综合开展国土普查、准确预报天气、进行空间生产等带来的巨大效益，提出了进一步发展航天技术的策略和途径。1986 年，他支持年轻航天专家提出研制大推力捆绑式火箭的设想，认为运用先进的捆绑技术是立足我国现有技术成果，高速度、少投资发展大型运载火箭的最佳途径。经过大家的努力，我国运载火箭技术获得了一次飞跃，将近地轨道的运载能力一下就提高了三倍，开辟了空间开发和国际商业发射的广阔前景。

在我国航天技术的发展中，屠守锷做出了杰出贡献。但他对如此辉煌的成绩，仍以那样从不突出自己的平常心态谦逊地说："我不过是参加工作早了一点，得到了机遇，把我放到了这个位置，换成别人也会做出这样的成绩。我不认为自己做了什么了不起的事。"他从总设计师岗位退下来后担任了高级技术顾问，但从不言"退休"

二字，仍然在为中国航天描绘壮丽的蓝图。早在 1990 年"长征 2
号"捆绑式火箭研制发射成功之后，他对中国航天的未来满怀激情
地说："以我国现有的技术基础，只要稍加改进，就有能力把载人飞
船送到轨道上去，这一天为时不会太晚"。果然，屠守锷为载人航天
工程献计献策，"神舟号"试验飞船已经上天遨游了。

通天之路是无止境的，屠守锷还在这条路上奋力跋涉，一定会
达到更光辉的顶点。

43. 学识渊博的技术指挥员黄纬禄

黄纬禄，1916 年 12 月 18 日生于安徽芜湖，1940 年在中央大学
毕业后，怀着"科学救国"的愿望赴英国伦敦大学留学。第二次世
界大战的炮火使这位远离祖国的青年饱尝了战乱之苦，特别是德国
法西斯向伦敦发射的 V－2 导弹震撼了他的心灵。他暗下决心要用学
到的科学知识报效祖国，要用自己研制的先进武器使祖国强盛起来。
黄纬禄在异国他乡孕育的理想，在他回国多年后终于实现了。

1947 年，黄纬禄获英国伦敦大学电信专业硕士学位后立即启程
回国，但当时空怀壮志，报国无门。直到 1949 年上海解放，黄纬禄
才找到了报国之路，先后在华东工业部电工研究所和通信兵部电讯
技术研究所从事电讯技术研究工作。1956 年初，黄纬禄参加了军队
组织的一个报告会，听到钱学森讲述国外火箭技术状况和发展我国
火箭事业的构想。第二年他就随电讯技术研究所合并到国防部五院
二分院，开始从事火箭控制系统的研究工作。

从仿制 P－2 导弹到研制成功洲际导弹，黄纬禄领导解决了液体

导弹制导稳定的许多工程技术问题，在研制控制系统方面不断取得新的进展。1970年，他担任七机部第二研究院副院长，并被任命为潜艇水下发射运载火箭的总设计师，从主持研制液体火箭的控制系统到全面领导固体战略火箭研制，开始为一种新型火箭的诞生殚精竭虑，呕心沥血。在黄纬禄的主持下，为保证潜地火箭体的气密、水密和结构强度，进行了精心分析计算和设计，并用严格的工艺保证生产的可靠性。由于火箭尺寸的限制，仪器舱体积比较小，科技人员采用集成电路代替分立元件，使设备体积大为缩小，计算机的体积减小到原来的二分之一以下，并把一些设备进行合并，对外壳

形状按仪器舱的形状进行了特殊设计，使设置更加紧凑。最初设计的固体火箭，其发动机不能按要求随时关机，设计人员经过仔细分析计算，在二级发动机的前封头上配置了三个反向喷管，解决了这一难题。在黄纬禄的指导下，采用发射模型火箭解决了怎样保证潜艇水下发射安全，对平台如何调平，对目标如何瞄准，对确定射程的数据如何装订，火箭发射后出水姿态角如何控制，发动机如何点火等一系列问题。

对于潜艇火箭，溅落深度是至关重要的。为了防止潜艇发射的火箭因故障落入水中砸沉潜艇，黄纬禄带领总体部的科研人员设计出一套灵巧的排水装置，在回落入水前把火箭水箱中的水排尽，从而减轻冲击重量。但排尽水箱中水的火箭从高空回落到水中后到底能冲入多深？是否会对潜艇构成威胁？还必须通过溅落试验来验证。根据在江桥上做溅落测试的结果，火箭入水深度不大于20米，排完水后再溅落水中对于潜艇是安全的。黄纬禄选择了直接从海上发射模型火箭的方式，按照"台、筒、艇"三个步骤，跨越了国外研制的七个阶段，取得了成功。

有一年的夏天，黄纬禄带领一队科技人员到南京，利用长江大桥做火箭箭体入水试验。当时天气炎热，火箭壳体也被太阳光烤得

烫手。他们却要钻进箭体内粘贴防水胶囊，人蹲在里面操作就像进了蒸笼里一样，全身流汗，闷热难当，再加上刺鼻的化学药品味道，使人喘不过气来。黄纬禄身先士卒，首先钻进箭体工作，每10分钟左右出来换换气，直到完成试验任务。这为攻克水下发射的技术难关打下了良好基础。

1979年5月，黄纬禄率领试验队到海军基地进行模型火箭水下发射试验，前4发都未获得满意的海情下的弹道参数，特别是第4发由于电池电压不足连遥测数据都未拿到。于是，黄纬禄指导试验队对前4发模型火箭出现的问题逐一作了纠正，不留下一个隐患，不放过一个疑点，对第5、6发按设计要求做了精心准备，每一个环节、每一道工序都严格把关，终于获得第5、6发高海情发射的圆满成功。

1982年，黄纬禄主持研制的潜艇水下发射运载火箭进入最后冲刺阶段。同年10月在渤海之滨，近百艘舰船云集，上万名参试人员各就各位。新华社受权发表公告：中国将于1982年10月7日至26日进行水下运载火箭的发射试验。黄纬禄对自己研制的火箭了如指掌，充满信心。这一次他从火箭各系统的检查情况到发射预案准备情况，从试验队上下的各种意见到发射不发射的利弊，都作了周密思考，进行了分析权衡。他拿起电话向上级报告："我认为发射条件已经具备，不宜推迟。"上级同意了黄纬禄的意见，决定按时发射。10月12日，黄纬禄在指挥所里，先是听见指挥员下达"发射"指令，随后看见运载火箭像劈波斩浪的蛟龙跃出海面，腾上空中。数百秒钟后，末区传来火箭击中目标的喜讯，我国第一枚潜艇水下火箭发射试验获得圆满成功。人们并不知道为了这一天黄纬禄和科研试验人员付出了多少代价，仅在发射基地两个多月的操劳就使黄纬禄的体重从64千克一下降到了53千克。黄纬禄仍然抑制不住欢欣和高兴，因为经过广大科技人员和工人的努力，我国成为世界上第4

个能够自己研制潜地运载火箭并掌握水下发射技术的国家。

这次海上试验以后，黄纬禄的身体越来越虚弱，胃溃疡病复发不得不住进了医院，但他在治疗中仍然在考虑下一步工作。他一边考虑如何完善水下发射运载火箭的性能，一边又提出潜地火箭从海上走向陆地的设想。黄纬禄想，在研制潜地火箭的过程中，曾在陆上用发射筒试验发射成功，现在水下发射通过了，如果再把它搬到陆上用发射筒装在公路车上开着跑，不是又多了一种陆基固体车载运载火箭吗！他的这一设想具体化后得到了上级的支持和批准。于是他双管齐下，一方面继续指挥改进水下发射的运载火箭，另一方面又开始领导研制第一代陆基机动运载火箭。黄纬禄不顾体弱多病，

一出医院就用5个月的时间跑了6个省的科研试验单位，了解情况，指导工作。无论在成功或是失败的时候，他总是鼓励大家说："只要我们胜不骄败不馁，从胜利中总结出经验，从失败中吸取教训，都会产生前进的动力"。

有一次陆上发射试验时，由于惯性平台帽盖改后，没有在地面做充分试验，造成火箭在空中程序转弯时平台框架受阻不能转动。火箭失去基准，姿态无法稳定，结果在空中爆炸自毁。黄纬禄带领科技人员总结教训：今后在地面进行试验时，一定要尽可能模拟空中飞行的实际情况，以便提前发现和解决问题，一切经过试验，不带疑点上天，这是成功的一条法则。

一次火箭进行总装测试时，有一个继电器偶尔出现不吸合现象，经过反复测试，这个现象不再重复，有的人就认为可能不是继电器的问题，不再去查明原因。黄纬禄可不答应，严肃地说："我们搞科学的就要有科学态度，不能来'大概'、'可能'，一定要抓住这个'偶尔'不放，查个水落石出才行。"于是，他同大家一起进行测试观察和分析，结果发现是继电器衔铁上有一片微小的铁屑，当小铁屑竖起来时，继电器就不吸合，当小铁屑倒下去后就能吸合，原因

找到了。黄纬禄指着小片铁屑对大家说："可不要小看这个小东西，如果在火箭飞行过程中它突然竖起来，就会招致整个飞行试验的失败。"大家都为黄纬禄严肃认真的科学态度所折服，无不赞赏他认真负责、一丝不苟的精神。

不仅如此，黄纬禄作为一名技术指挥员，凭借渊博的学识和丰富的实践经验，对火箭各个部分及其工作状态都心中有数，在千钧一发的紧急关头，总能当机立断，镇定自若。有一次，运载火箭进入发射前"5分钟准备"的关键时刻，突然出现一级伺服机构反馈电压表指针摆动现象。人们惊呆了，不知如何处理。黄纬禄从容镇定地问："平台有没有问题?"负责平台测试的人员答："平台没有问题!"黄纬禄略思片刻，果断决定："按时发射!"指挥所里的人都为他的决定捏着一把汗，大家的心都快跳出来了。随着一声巨响，火箭喷射出火焰腾空升起，发射成功了。后来黄纬禄在回答人们的疑问时说："我们这个火箭灵敏度非常高，对阵风或微小振动都很敏感。在地面测试时，就发现过有人走近它时，曾出现过反馈电压摆动，因此当我问明平台情况正常时，就肯定火箭本身没有问题，是外部原因造成的，这才下了发射的决心。"我国陆上固体机动运载火箭的诞生，标志着我国火箭技术登上了一个新的台阶。

航天工程是成千上万人集体的事业，因此黄纬禄总是依靠大家群策群力，把每个人的智慧集中起来攻克技术难关。他总结了四句话："有问题共同商量，有困难共同克服，有余量共同掌握，有风险共同承担。"他说："这四句话的核心是'共同'两个字，回忆我们在研制固体火箭的过程中不知遇到过多少难题，攻克过多少难关，没有一件事不是依靠集体来解决的，作为总设计师的我，也只是起到集体中广员的作用罢了。但是，人们不会忘记黄纬禄为开创中国固体运载火箭事业作出的杰出贡献。

44. 火箭型号总设计师梁守槃

梁守槃，祖籍福建，*1916* 年 *4* 月 *13* 日生于北京。*1933* 年考入清华大学机械系，选定"自强不息"的校训作为自己的座右铭。大学毕业之后，他怀着"航空救国"的梦想到南昌的航空委员会任职，不久自费去美国麻省理工学院留学，*1940* 年获航空工程硕士学位后回国。先在西南联大任教，后到贵州大定航空发动机制造厂任设计课长。他怀着一腔爱国热忱提出建议："我们不要引进美国的，要依靠自己的力量来设计发动机，然后不断提高技术指标，造出与美国一样的飞机。"他很快设计出了一种飞机发动机，并请求投入试制，以装备自己的飞机升空飞行。但当局却以这个新设计的发动机不能保证比美国的强而不予批准投入生产。梁守槃愤然辞去课长职务，重返大学课堂，想圆"教育救国"之梦。但在旧中国总是找不到报国之路，不管"航空救国"也好，"教育救国"也好，都只是梦想。

新中国成立后，由于国防建设的需要，梁守槃从浙江大学调到哈尔滨军事工程学院，开始施展报国才能。*1956* 年组建国防部第五研究院，梁守槃又被点名调到五院参加新兴的火箭事业。他成为钱学森麾下十个研究室的干将之一，被任命为火箭发动机研究室主任，参与仿制苏联援助的 P－2 导弹的工作。他深知，当时在外国的封锁下，得来的一点先进科学技术实属不易，因而在苏联的有限援助下进行仿制意义重大，应该"先学楷书，后写草书"，从仿制中增长自行设计的才干。但在与苏联专家的合作中，他又深切感到如果不动脑子照搬，照葫芦画瓢，不仅会学不到真经，反而会被别人牵着鼻子走。因而，梁守槃向设计人员提出了反设计的要求，从消化图纸资料入手，按产品的技术指标要求，用已知公式开展设计，然后将自己的设计结果与导弹实物相比较，用以验证理论与实际的一致，从而增长自行设计的本领。这样，在完成仿制任务之后，设计人员就能更加有信心进行独立自主的设计了。

梁守槃作为中国第一种仿制导弹的总设计师，不迷信、不盲从外国人，对技术问题从实际出发，有自己的独立见解。1960 年，P－2 导弹仿制完成，但在使用火箭燃料的问题上，梁守槃与苏联专家发生了分歧。苏联专家认为中国的液氧含可燃物质太多，使用时有爆炸的危险，但这时苏联正准备撤走专家，苏方的燃料又迟迟不向中国供应，给发射造成困难。梁守槃想，为什么就不能用本国生产的燃料呢？他一遍又一遍计算，查阅资料进行分析比较，发现苏联资料不准，没有考虑到十几吨液氧中含的杂质不会集中到一起氧化燃烧，因此完全可以用自制燃料代替苏联燃料。同年 8 月 21 日，苏联专家撤走不久后，梁守槃的意见被采纳，第一枚 P－2 导弹采用国产液氧作氧化剂发射获得成功。这是梁守槃第一次亲身体验到自力更生的胜利。

这次成功给了梁守槃以更大信心和力量。他后来在独立设计大推力火箭发动机时，大胆提出了难度较大的离心泵并联和使用偏二甲肼作燃料的设想，大大提高了比冲，成功研制了大推力火箭发动机。梁守槃先利用两套涡轮泵造成不平衡条件，观察它们在工作时能否自动达到平衡并联状态。试验证明离心泵并联可行，工作能协调平衡。然后他又主持调研，提出对偏二甲肼毒性的测定方案，以及防止人体中毒的措施。经过一年的反复试验研究，找到了解毒的特效方法，同时完善了操作规程。后来实践证明，这种偏二甲肼不仅可作大型火箭发动机的燃料，而且还可与煤油混合，代替一种用大量粮食提炼的混胺燃料，在火箭发动机中发挥了重要作用。梁守槃在设计更大推力的液体火箭发动机时，还提出过箭体直径选择最合适的范围等许多建设性意见，其中还包括主张研制冲压发动机，这些都显示了他高超的技术功底和独创精神。

1965年，梁守槃被任命为七机部三院副院长，同时出任海防导弹武器系统总设计师，负责研制海防导弹的技术工作。他在主持设计一种名叫"海鹰"2号飞航式导弹的发动机时，提出了两个大胆的设想：一是将原悬挂式箱体改为承力式箱体，并将弹翼固定在箱体上，这样可以减轻结构质量，增加推进剂箱的容积；二是用上述办法加大弹体钢度，增加弹身长度，从而加大射程。为了验证这两个设想，他和科技人员一起整整干了两个月，完成了试验样品。1966年12月，兄弟单位研制的"海鹰"1号导弹进行试验，沿用了仿制时的发射架，结果前两发打出去没了踪影。人们以为是因为天冷，雷达工作受到影响。但第二年5月又打了一发，还是失败了。梁守槃在参加分析原因时，认为问题不在导弹本体上，而是在发射环节上。他在发射现场围绕发射架转了几圈，若有所思地回到住处，拿起笔计算起来。根据计算结果，他认为导弹的发射架总长5米，导弹发射时，因为发射架过长，导弹离轨头部上翘，尾部下沉，导弹在剧烈震动下使制导组件与弹体碰撞而损坏，这样导弹发射出去自然就不能跟踪到目标，只能直线飞走了。后来他在自己主持研制的"海鹰"2号导弹进行试验时，就建议把发射架锯掉1.2米。有人不相信这么简单就把问题解决了；结果一试，果然成了，而且连射几发都成功了。梁守槃说，我们的一些技术人员还是按照仿制的办法，照本宣科地搞设计，加上缺乏经验，自然走了弯路。人们都说，梁守槃总设计师是一个相信自己力量的人。

梁守槃最得意也最费力的是成功研制了一种超低空超声速海防导弹。1961年，美国等一些技术先进的国家知难而退，停止了这种导弹的研制；而梁守槃却力促有关部门将其列入了我国的研制计划。

他认为，这种导弹不仅技术先进，而且非常适合国防战略的需要，认定这是一个值得追求的目标。但有人认为他太不自量力，连美国都放弃了，而像我们这样一个技术尚很落后的国家能研制成功吗？梁守槃咬定青山不放松、不达目的不罢休、历尽艰辛和坎坷，承受了巨大压力和困难，甚至这项研制遇到几度被砍掉的危险。

在最初立项的时候，有一封建议立即取消这项研制工程的信摆到七机部部长面前。部长十分为难，一方面觉得梁守槃不仅有勇攀科技高峰的精神，而且也有足够的技术能力；另一方面又觉得反对者的意见也不无道理。他叫秘书把这封信抄给梁守槃，希望他能答复信中提出的问题。梁守槃看完信后，认为技术问题只有在切磋琢磨中，在不同意见的争论中，才能使技术方案日臻完善，才能更好地解决问题。而且他认为外国人还没有造出来的东西，中国人就未必造不出来，不能有妄自菲薄的思想；中国在已有技术的基础上，在一些技术领域完全可以超过外国人。于是他写信给钱学森，以严密的逻辑、雄辩的论据、有说服力的数据申述自己的设想。钱学森认为梁守槃的看法很有道理，欣然支持他的主张，同意他的意见。梁守槃的设想通过立项。

但是不久，十年"文革"浩劫把他的科研项目搁置起来，梁守槃和他的技术方案一起被"打倒"。后来，梁守槃在周恩来总理要军管开列的一批航天科学家名单中被特殊保护下来，回到研究室，避开动乱干扰，顶住各种压力，继续试验他的方案，并有了突破性进展。

"文革"结束后，梁守槃以为自己负责的导弹方案会加快研制进程。但没有想到有关部门要取消这个项目。得知这一信息后，梁守槃想起了国防科技工业领导人张爱萍将军说过的话："我们要搞出适合我国地形、气候、经济条件的东西，别人没有的，为什么我们不能有？依样画葫芦，长期当留声机，这不是中国人的志气"。他从这里受到鼓舞，认为只有张爱萍能够挽回他主持的这个项目。于是他给时任副总理兼国防部长的张爱萍将军写了一封信，详细阐明这个项目对国防的重要意义，特别说明这项科研已有所突破，现在取消等于前功尽弃，不利于国防建设和航天科技事业的发展。张爱萍赏识梁守槃的爱国热忱和学识才华，也很了解他在技术上看准的事情绝不轻易放弃的可贵品质。但为了慎重起见，张爱萍又当面问梁守槃："你认为从理论上讲是可以做得出来的吗？"梁守槃肯定的回答道："是的，理论上是可行的，因此我相信我的方案能够成功，所以我才坚持。"张爱萍听了梁守槃的回答，点头表示满意，并鼓励他："那你就大胆地去做。为什么美国人认为做不出来的，我们就不能做出来呢？"于是，梁守槃的方案又列入了国家的研制计划。

梁守槃为这个超低空超声速导弹付出了 27 年的心血，终获成功。这种导弹模型在世界博览会上面露后引起轰动，被报界称作是"最令人惊讶的导弹"。

梁守槃说："我作为航天科技工作者的最大愿望是能够在工作岗位上贡献自己的力量。不管你是什么家，关键是你为国家做了些什么，怎么样做好自己的事情，怎么靠自己的努力使国家繁荣富强。我们的成果都不是以引进为目标，而是在引进的基础上，把先进的技术与我们自己的东西结合起来，走自己的路。"他就是这样充满信心，不怕挑战，勇于创新，坚信自己的力量，尽自己的最大努力为中国航天的腾飞而奋斗。

45. "勤奋务实，不懈追求" 的谢光选

谢光选，1922 年 11 月 5 日出生在江西南昌一个世代书香家庭。

祖父是知名儒医，父亲则是银行家。他们留给子女的家训是"读万卷诗书，学一技之长"。谢光选的青少年时代，是在日寇的铁蹄下度过的，他认为要不受外国人的欺侮，就一定要有自己强大的武器，于是刻苦学习，立志"科学报国"。1942 年，他考入重庆兵工学校大学部，选择学习兵器专业，立志造出现代兵器，为祖国服务。

1947 年初，谢光选学成后来到沈阳兵工厂。辽沈战役后，共产党接管了这家兵工厂，谢光选参加了 506 式战术火箭发射器和 241 反坦克火箭的研制，为他日后主持弹道式导弹和运载火箭的研制奠定了一定的基础。

1956 年，主管国防科技工作的副总参谋长陈赓大将到工厂考察，对谢光选的详细讲解深为赞赏。1957 年 3 月，谢光选这位火箭炮主任工程师被调到国防部第五研究院，担任导弹总体设计部五室主任，参加仿制 P－2 导弹的工作。1960 年 9 月 10 日，谢光选第一次到发射场，观看到了用中国生产的燃料成功地发射了 P－2 导弹的情景。11 月 5 日又到发射场观看自己参加仿制的第一枚"东风"1 号近程地的导弹腾空升起，并命中预定目标。初战告捷，谢光选感到从未有过的惬意，倍受鼓舞。

1962 年初，我国自行设计的"东风"2 号中近程导弹研制完成。但是这枚导弹能不能做飞行试验，可靠性如何，成功的可能性有多大，当时担任导弹总体设计部副主任的谢光选的心里也无多大把握，因为没有地面数据，没有计算机，得不到验证，只有经过发射才能清楚。因此，他也主张进行飞行试验，光争论不会有什么结果。3 月 21 日，这枚导弹发射失败，谢光选目睹了导弹坠毁的情景。在遭受重大挫折时，他听到了聂荣臻元帅的指示：既然是试验，就有失败的可能，不要追究责任，而应该总结经验教训，以利再战。谢光选和科研人员都深受感动和鼓舞，没有气馁，振作精神，找出原因，吸取教训。这时谢光选被任命为"东风"2 号导弹总体主任设计师。

经过修改设计，加强地面试验，特别是进行了振动试验和全弹试车，把地面上的问题都解决了。两年后的 *1964* 年 *6* 月 *29* 日，由中国人自己设计研制的"东风"2 号中近程导弹飞行试验获得圆满成功。

1964 年 *9* 月，国家部署了导弹与原子弹"两弹结合"的研制试验任务。谢光选作为"两弹结合"技术协调组组长，感到压力极大，因为这是要用导弹装载原子弹在自己的国土上进行飞行爆炸试验。导弹飞过的地区有 5 万居民，经过计算，导弹失落的概率是十万分之六，即使如此，也不容许有丝毫的马虎和松懈。他按照周恩来总理指示的"严肃认真，周到细致，稳妥可靠，万无一失"精神去做，时时处处细致认真。*1966* 年 *10* 月 *19* 日，他在向周恩来总理汇报发射任务准备情况时，提出怎么才能做到"万无一失"的问题。周总理笑着对谢光选说："什么叫万无一失？只要你们把能想到的问题都想到了，能做到的都做到了；能够发现的问题都找到了，就是做到了万无一失。如果客观条件不具备，我们还没有认识到的问题，那是属于吃一堑，长一智的问题。"这些话使谢光选受到鞭策和鼓舞，他十分仔细地完善导弹的研制和协调"两弹结合"的工作。直到 *1966* 年 *10* 月 *27* 日，"东风"2 号甲导弹载着核弹头起飞，在预定着落地点实现原子弹爆炸，在落点上空升起一片蘑菇云，谢光选一直绷紧的神经才松弛下来。直到今天，他还珍藏着这一天的《人民日报》号外，因为"两弹结合"试验的成功是他一生中永远难忘的一件大事。

1977 年，谢光选被任命为七机部一院副院长，并出任"长征"*3* 号运载火箭总设计师。在此之前，他参与组织研制发射"长征"2 号运载火箭的工作，加强管理，加强地面试验，杜绝设计上的缺陷，用冗余技术提高火箭的可靠性，在发射场检测时更换了可能有缺陷的仪器设备，解决了技术和管理上的问题，保证了"长征"2 号及其改进的"长征"2 号丙运载火箭的成功发射。在此基础上，谢光

选带领科技人员向运载技术的制高点攀登，研制先进的液氢液氧发动机，大幅度地提高火箭的推力，向着发射高轨道卫星的目标努力。他用弹性理论描述了火箭的纵向固有弹性振动，用波动方程和二相流描述了推进剂输送管路的固有振动频率，采取措施使两个固有振动不产生共振，抑制了全箭耦合振动的发生，改善了低频振动的环境。同时，"长征" 3 号火箭最关键的是低温技术，因为氢、氧都是易燃易爆物，其中液氢的沸点低达零下 253 摄氏度，这给生产、储存、运输及使用都带来一系列技术问题。谢光选付出大量心血对 36 个重点问题组织协作攻关，最后解决了与低温技术有关的难题。1984 年 1 月 29 日，第一枚 "长征" 3 号运载火箭发射，由于第三级发动机高空点火后提前熄火，只获得部分成功。经改进后于 4 月 8 日再次发射，"长征" 3 号运载火箭顺利地把第一颗试验通信卫星送上同步转移轨道，最后定点在东经 125 度的赤道上空运行。谈起这次成功发射，谢光选如数家珍地说："'长征' 3 号运载火箭按运载能力居世界第四位，按使用超低温高能推进型居世界第三位，按高空二次启动氢氧发动机居世界第二位，按研制生产的成本低廉程度居世界第一位，'长征' 3 号已达到世界运载火箭先进水平。" 他还对记者自豪地说："我们的 '长征' 系列火箭完全是土生土长的，从技术到原器件都是百分之百的国产，具有很高的可靠性。" "长征" 3 号运载火箭的成功，是我国运载火箭的一个质的飞跃。

　　谢光选主持研制的 "长征" 3 号火箭，不仅在技术上树起了一座新的里程碑，而且在打入国际发射服务市场上也开了先河。1990 年 4 月 7 日，中央电视台首次在西昌卫星发射中心现场直播 "长征" 3 号发射美国制造的 "亚洲" 1 号通信卫星。谢光选虽然对自己研制的火箭有十分的把握，但因为全世界的人都在观看发射实况转播，不免心里仍有很大压力，特别是在这次发射之前的 2 月 23 日，欧洲空间局的 "阿丽亚娜" 火箭发射失败，在试验队中引起了不小的波动，气氛也显得紧张沉闷起来。谢光选提醒试验队员要引以为戒，工作要更加认真细致，不能有丝毫的疏忽和怠慢，要绝对保证发射一举成功，不在世人面前丢脸。结果是一炮打响，"长征" 3 号第一次发射外国卫星获得成功，谢光选在发射现场又一次体验到成功的喜悦，脸上挂满笑容，和外宾一起庆祝这一胜利。

谢光选这位在中国大地上土生土长的科学家，一生把 "勤奋务实，不懈追求" 作为自己的座右铭。尽管他主持研制的 "长征" 3 号运载火箭已经可以把卫星送到 3.6 万千米的地球同步轨道，而且用它发射中外卫星多次立功，但 1991 年和 1996 年有两次因火箭二次启动时引发压力尖峰损坏零件而未能将卫星送入轨道。谢光选担任了故障调查委员会主任，经过认真的数值计算，做到了故障定位准确，机理清楚，为解决 "高空失重场多次启动发动机的问题" 提供了宝贵的经验。他袒露自己的心愿：太空高处不胜寒，愿在有生之年再为航天事业做点有益的事情。

46. 中国宇宙飞船总设计师戚发轫

戚发轫，1933 年 4 月 2 日出生在辽宁复县，少年时就憋着一口不甘日本外侮的气，高中时又目睹侵朝美国飞机到我国丹东边境狂轰滥炸的情景，发誓要学航空专业。1952 年，戚发轫高中尚未毕业就报考大学，一连三个志愿都填报了飞机制造系，结果被北京航空学院录取。他踏实用功，学习进步很快，成绩越来越好。1957 年毕业分配到刚刚成立不久的国防部第五研究院，参加导弹研制工作，他进了 "扫盲" 性质的培训班，第一课就是听赫赫有名的钱学森讲

《导弹概论》。戚发轫一边学习，一边搞导弹的结构与总体设计，很快就入门了。他参加我国第一枚地地导弹的研制和第一次"两弹结合"的试验发射，在技术上锻炼成长起来。

1968 年，戚发轫转到空间技术研究院，参与我国第一颗人造卫星的研制工作。他作为制造第一颗卫星"东方红"1 号的技术负责人，经历了研制和发射的全过程，而且多次向以周恩来总理为首的中央专门委员会汇报卫星研制和准备发射的情况。这是他一生中最难以忘怀的一件事情。

1970 年 4 月，我国发射"东方红 1"号卫星的准备基本就绪，就等中央的命令了。在发射前 10 天，戚发轫随钱学森从酒泉发射基地赶回北京在人民大会堂向周总理汇报情况。他负责汇报卫星的测试结果和质量状况，周总理问："你认为卫星到底可不可靠？卫星能不能准确入轨？"同时还问了卫星入轨后能不能播放《东方红》乐曲以及卫星轨道参数、卫星重量是多少，可测量哪些空间物理参数等问题。戚发轫对卫星的质量做了肯定的回答。周总理听后说："看来一切准备工作都做得比较好。"他要戚发轫和"长征 1"号运载火箭技术负责人任新民、杨南生一起马上写出正式书面报告。戚发轫根据卫星在研制中的质量情况和模拟试验结果，当晚就非常自信地起草了卫星部分的报告草稿。这毕竟是中国的第一颗卫星，没有任何经验可循，戚发轫还是紧张得彻夜难眠。不过，10 天后的 1970 年 4 月 24 日，《东方红》乐曲声响彻太空，传向全球。戚发轫后来回忆说："这是我这一生最高兴的一刻！"当年 37 岁的戚发轫，在卫星技术领域展露出了他的智慧和才华。

1975 年后，戚发轫相继担任了"东方红"2 号、"东方红"2 号甲通信卫星的总设计师。经过将近 10 年的研制，第一颗地球静止轨道通信卫星研制完成。有一次在卫星的检测中接连烧坏了转发器上的三只管子，戚发轫十分着急，因为卫星上天后，转发器一旦失灵

179

就无法转播电视节目。戚发轫要求进行一丝不苟的检查，结果发现是元器件老化造成的，更换后就不再出现烧坏管子的情况。戚发轫的严格要求保证了1984年4月8日卫星上天后正常运行，卫星定点后即开通了数字和模拟电话、图片文字传真、电视和广播节目传送、数据处理传输等，特别是在边陲地区的老百姓可以通过自己的卫星收看到中央电视台传送的节目了。戚发轫并不满足于此，他马上考虑下一步通信卫星关键技术的改进，随后制定了"东方红"2号甲通信卫星的设计方案。这个方案使卫星的转发器增加了，通信容量增大了，使用寿命也延长了。1986年2月1日"东方红"2号甲通信卫星被送上苍穹，卫星定点保持精度比试验通信卫星提高了5倍，标志着我国地球同步卫星测控技术进入世界先进行列。这颗卫星提供使用后，仅电视的人口覆盖率就由原来的30%增加到80%以上，全国500多个大中城市开通了长途自动拨号电话。1988年3月7日，戚发轫和他的研制队伍又把一颗"东方红"2号甲实用通信卫星送上3.6万千米高的赤道上空，它的设计寿命增加到4年半，通信容量也比以前扩大了一倍。由于这颗卫星采用成型波束天线，将辐射功率主要集中于我国地域，信号比国际通信卫星明显增强；卫星传送的电视图像清晰，色彩逼真，伴音纯正，即使在遥远的边疆、海岛，只需建一个直径3米至4.5米天线的地面接收站便可以看到清晰的电视节目。这使我国租星进行通信传输的时代已成为了历史。

正当戚发轫主持研制的通信卫星技术日趋成熟，并担任"东方红"3号新一代通信卫星总设计师的时候，他又被调到了载人飞船总设计师的位置。1992年，"921"载人航天工程上马，戚发轫也走上了新的岗位。在飞船论证阶段，对于究竟要选一种什么样的飞船，各方专家看法不尽相同，各路人马坚持己见，争论激烈。戚发轫主持总体方案论证，认真听取各种意见，扬其所长，弃其所短，提出了适合我国国情的先进而可行的工程方案。方案确定之后，许多新问题不断涌现。担任通信卫星总设计师多年的戚发轫心里清楚，与研制卫星最大的不同，是飞船事关航天员的生命，必须保证每一个系统、每一个环节都不能发生一丝一毫的问题，必须做到绝对安全可靠，万无一失。他曾经在俄罗斯参观过载人飞船的发射，亲眼看见航天员在进入飞船之前，总设计师郑重地签字画押，严肃而幽默地对航天员说："如果没有把握，我不会送你上天去冒险"。戚发轫没有想到，他在临近花甲之年还要顶着巨大压力，冒最大风险去领导造出一艘安全可靠的飞船，而且还要在不远的将来为中国航天员上天签字画押送行。

我国"神舟"号飞船有 600 多套设备、上百台大小计算机和控制器、几十万条软件程序、十万多只元器件、十多千米线缆、八万多个接点，相当于两颗大型卫星的工作量，戚发轫不但了如指掌，指挥若定，而且计划周密，确保了质量和进度。经过 7 年的拼搏，1999 年 11 月 20 日"神舟"号试验飞船首飞成功。进入新世纪后，"神舟"号飞船又连续三次发射和回收告捷。戚发轫的最大愿望，是能够看到神舟号飞船把我国的航天员送上太空翱翔，使他的生命在太空中划出一条光辉的航迹。

47. "不计名利，无私奉献"的王德臣

王德臣，1933 年 1 月 21 日出生于辽宁义县，1957 年毕业于北京航空学院飞机设计专业，分配到国防部第五研究院火箭总体设计部工作。1962 年 3 月，我国自行研制的第一枚中近程导弹发射突然坠毁，当时担任结构组组长的王德臣跟随钱学森院长前往现场分析故

障原因。钱学森看见这位年轻人如坐针毡的样子，就给他讲了自己的老师冯·卡门研究高速空气动力学遭受挫折和美国发射导弹出现失败的故事，然后语重心长地说："科学研究总会有失败，重要的是不要被失败所吓倒。"这句话使他在 30 年后研制"长二捆"火箭遇到危难时，临危不乱，履险不惊，承受住巨大压力，最后取得成功。

王德臣还有一位在北京航空学院学习时的恩师屠守锷，是我国洲际导弹和"长征" 2 号运载火箭的总设计师。屠守锷早他半年调入国防部第五研究院，王德臣毕业后又到了老师屠守锷的门下，师生并肩作战。后来，王德臣成了屠守锷总设计师的副手，共同组织研制成功洲际导弹和"长征" 2 号运载火箭。屠守锷渊博的知识、坦荡的胸怀和淡泊名利的品德，对王德臣影响很深。当屠守锷年过古稀退居二线后，王德臣接任了总设计师的职位。这时屠守锷语重心长地对他说："作为总设计师，最重要的是成功时想到不足，失败时能够昂然超越。"这一教诲成为王德臣一生研制火箭的座右铭。

1986 年，王德臣等人拿着图纸上的"长二捆"火箭，去美国寻找市场，同美国专家谈判协调，说服美国人用中国的大型运载火箭发射他们制造的重型卫星。经过两年的努力，1988 年 12 月我国长城工业总公司与美国休斯公司、澳大利亚通信卫星公司签订合同，用我国的新型大推力火箭发射两颗美国制造的新型多转发器通信卫星。合同规定，在 1992 年正式发射美制澳星之前，新型火箭必须在 1990年飞行一次，否则要支付 100 万美元的高额赔偿。当时美国的"雷神－德尔塔"火箭总设计师史密斯来中国考察，听说中国要在 18 个月内完成"长征" 2 号捆绑式火箭的研制计划，异常惊讶地对王德臣说："我得提醒你，像这种火箭搞到这个程度，在美国至少也得再干 3 年才能成功。"王德臣平静地回答道："我相信我们能够完成。"史密斯难以置信地笑道："你们中国人是不是又吃了鸦片？"王德臣十分自信地回敬说："不，我们很清醒。18 个月后，我请你来看发射!"

王德臣带领他的队伍立下"军令状",超负荷地干了起来。他和科技人员背水一战,按计划用 3 个月完成全箭上千项设计、44 万多张图纸的描绘任务,14 个月内完成近 8 千个生产项目、126 个重要工艺攻关项目,在国内 25 个省市、300 多个厂家解决 7445 项材料和元器件,完成 300 多项地面试验任务。这种叫"长征" 2 号 E 的新型火箭要攻克许多技术难题,其中有一项动力耦合分析,美国专家认为中国无法进行精确计算,提出支付 260 万美元委托美国公司来做,或支付 30 万至 60 万美元由美方代为培训。这一意向被王德臣婉言谢绝,我方的科技人员采用科学的模态综合方法,自编程序 1 万多条,演算了 1.5 米多高的稿纸,在微型计算机上建立了捆绑式火箭的结构动力学模型,向美方提供了卫星与火箭相连接的卫星设计动力学依据。事实证明了中国人的聪明才智,美国专家发出了由衷的赞叹。

"长征" 2 号 E 火箭有 8000 多项生产加工件,需要几十万道程序,生产几十万个形状性能各异的零部件,即使一个小零部件的加工,都必须经过工艺审查、工艺设计生产等 10 多个质量保证环节。但最终制成的卫星安装接口支架运到美国,如期与卫星对接,完全达到美方提出的要求。同时,火箭地面试验 250 多项,验证了火箭结构设计的合理性,为火箭的安全飞行提供了保证。火箭上万个零部件的组合拼装,只用 18 天就完成了。1990 年 6 月 30 日前,第一枚"长征" 2 号 E 运载火箭按合同期限终于研制出来了!7 月 16 日发射一举成功,取得了发射"澳星"的通行证。富有讽刺意味的是,在"长二捆"发射前的 6 月,美国那位曾经说中国人是吃了鸦片产生幻觉的专家代表史密斯主动地对王德臣说:"我向你们表示道歉。当初,我的看法错了!"王德臣还是笑着说:"还没有发射,您要看了发射方能下结论。"这位已年过 70 岁的史密斯急了,连忙说:"不用了，摆在这里的火箭和塔架已经证明了你们的能力！"

1992 年 3 月 22 日，"长征" 2 号 E 火箭在发射第一颗 "澳星" 中却遭到意外失利。"长二捆" 顺利点火后，由于有两个助推火箭发动机工作不正常而实施紧急关机，中止了发射。尽管星箭完好无损，但在众目睽睽之下火箭未能升空，被缕缕浓烈的烟雾淹没了。王德臣看到这种情景，心像被重重地撞击了一下，立即与试验队员一起冒着生命危险顶着掺有毒气的烟尘，跑到发射塔架下指挥抢救尚未飞离的火箭和卫星。这一天晚上王德臣整夜未曾合眼，回想火箭有什么问题，一夜之间白发增多，好像苍老多了。这是一个刻骨铭心的日子。一连几天，一贯爱说爱笑的王德臣沉默寡言，不露一丝笑容，但他又想起了前辈钱学森、屠守锷对他的教诲，没有气馁，没有怨气，全力以赴查找问题，准备爬起来迎战。

对于坚强和自信的人，挫折是成功的先兆。经过这次发射的教训后，王德臣更加严格地要求保证火箭质量。经过不到 5 个月的奋战，重新生产的 "长征" 2 号 E 火箭又在发射塔架上耸立起来。*1992 年 8 月 14 日*，这枚万众瞩目的中国火箭终于完美准确地把第一颗 "澳星" 送入预定轨道。后来又经过一次 "长二捆" 发射第二颗 "澳星" 空中爆炸的波折，*1994 年 8 月 28 日*成功发射第三颗 "澳星"，从而圆满地执行了与美、澳发射两颗通信卫星的合同。王德臣这才舒了一口气，终于可以在外国人面前扬眉吐气，让外国人刮目相看了。

王德臣在第一次发射第一颗 "澳星" 受挫时曾自责不已，甚至提出扣发自己的工资，自愿认罚。而当 "长二捆" 发射 "澳星" 成功后，听说要奖给他 1000 元，他反而感到不安。为此，钱学森在给他的贺信中写道："对您我尤为动情的是您对待奖罚的严肃态度，真了不起！" 钱学森对他的不计名利、无私奉献精神极表嘉许。王德臣则不禁想起钱学森把取得的巨大成绩归功于党和人民，归功于集体的一幕幕感人事迹，对有人把"澳星"功臣和奥运功臣在奖金上的巨大反差相比不以为然，他平静淡泊的说："不能那样比，要体谅国家的难处，何况"澳星"发射也不是一两个人的功劳，而是成千上万航天工作者齐心奋斗的结果。"

48. 载人航天总设计师王永志

王永志，1932 年 11 月 17 日出生于辽宁昌图县山村的一个农民家庭。他家境贫穷，在兄长的支持下成为从祖辈算起家中惟一一个上学读书的人。小学毕业时正值抗战胜利，他免费进入昌北中学，学业连年获得第一名；高中毕业后报考清华大学航空系被录取；1955 年被选派到苏联莫斯科航空学院飞机设计专业学习。后来根据中苏两国政府的协议，包括他在内的一部分留学生改学火箭导弹设计专业，从此把他引向了探索航天的道路。

1963 年，王永志获得莫斯科航空学院优秀毕业生和工程师称号，回国后即分配到国防部第五研究院，开始参加我国自行设计的第一种中近程导弹的研制工作。第一次发射这种导弹就显露出他非凡的才能。1964 年 6 月下旬，王永志到酒泉发射基地参加导弹飞行试验。这时天气格外炎热，火箭装上的推进剂温度升高，如果不采取适当措施，发射后会造成射程不够，导弹打不到落区的严重后果。试验队员群策群力，争议热烈，有人提出"再加燃料，加大射程"的建议；王永志发表异议说："不能再加燃料，而要泄出 600 千克燃烧剂，才能加大射程。"为什么加大射程还要泄掉一些燃料，许多人很难理解，不赞同他的意见。王永志只好找到钱学森申诉自己的观点，

185

钱学森略加思索后连连点头说："对，对，有道理。"这次飞行试验采纳王永志的建议，结果一连三发均获成功。王永志这种大胆的逆向思维和创新精神，使他崭露头角，给钱学森和其他专家留下了深刻印象。

20世纪60年代末，王永志担任远程战略火箭副总设计师的职位。他协助总设计师屠守锷抓技术，提出一种全弹试车方案。这个方案得到总设计师的支持，最后又由钱学森拍板同意，加快了研制进度，并提高了质量。1971年7月1日，广大科技人员花费6年心血把第一枚远程火箭研制出来了，可是试飞前却出现了不同意见。王永志从国家利益考虑，尽管这枚火箭测试次数多，有的零部件已经"老了"，但许多新技术只有在发射和飞行中才能经受考验和暴露问题，因此他建议用发射来检验设计的正确性和研制的可靠性。在总设计师屠守锷的支持下，9月8日向中央专委汇报，当周恩来总理详细询问了测试、发射准备等情况之后，批准发射按原计划进行。1971年9月10日，第一枚远程火箭如期试飞，获得基本成功。后来由于"文化大革命"的影响，我国远程火箭的全程飞行试验被搁置下来，直到粉碎"四人帮"后才提上日程。1980年5月8日，在总设计师屠守锷的领导下，王永志以及他的同事们为之付出大量心血的"神剑"才一鸣翔天；从中国西北戈壁的发射基地扶摇直上，穿越万里，溅落在南太平洋预定海域，试验取得了圆满成功。

特别值得提到的是，在"文化大革命"后期，从1974年起王永志在以莫须有的罪名被审查的困难日子里，仍然潜心研究通信卫星的发射技术。他和妻子一起搜集翻译整理资料，写出了《同步通信卫星的发射》一书，为后来通信卫星工程的研制准备了条件。1984年4月8日，我国第一颗同步静止轨道通信卫星发射成功。在卫星的设计方法、技术管理、材料和工艺以及安全措施等方面，都采用了王永志在书中提出的方案。他是通信卫星发射成功的幕后功臣。

经过 20 多年的研制实践，在钱学森、任新民、屠守锷、谢光选等老一辈火箭专家的帮助和指导下，王永志已经可以独当一面，承担起总设计师的重任了。

1986 年，王永志和他的同事们共同提出以"长征"2 号火箭为基础，采用先进的捆绑技术，研制新型大推力运载火箭，以争取进入国际发射服务市场。他们充分考虑了国内的实际发展水平，又大胆地吸收国外航天技术的经验，提出了这种"长征"2 号 E 火箭的技术途径和总体技术方案。1988 年 11 月，王永志已经担任了中国运载火箭技术研究院院长，他敢于担当巨大风险，立下军令状，保证在 1990 年 6 月 30 日前把这种新型火箭竖立在发射架上。国家批准了这项任务，而所剩时间只有 18 个月了。这是一项多么紧迫而艰巨的工程啊！作为这个型号的总指挥，王永志和总设计师王德臣一起，把一个新型号一般需要的四五年研制时间缩短到千年半，科学地安排日程，夜以继日地拼搏，一个环节一个环节地扣紧实干，带领科技人员和工人向时间和风险挑战。1990 年 7 月 16 日，第一枚"长征"2 号 E 运载火箭飞行试验不孚众望，一举成功，运载能力达到 9.2 吨，比"长征"2 号丙火箭的运载能力翻了两番，完全具备了发射重型卫星的国际竞争能力。两年后，这种大型火箭在发射美制澳大利亚通信卫星中立下战功，它的崛起让美国人都折服了。

1987 年，王永志作为组长领导一个 7 人组成的航天专家委员会，开始进行载人航天必要性的论证，绘制中国载人航天蓝图。1992 年，载人航天工程得到国家批准，王永志被任命为这项跨世纪工程的总设计师，这是一个庞大的系统工程，它由航天员系统、飞船应用系统、载人飞船系统、运载火箭系统、发射场系统、飞行测控系统和着陆回收系统等组成。他主持制定了整个航天载人工程及这 7 大系统的技术方案和工程进度安排，提出了这项工程的基本任务是：突破载人航天基本技术，进行空间对地观测、空间科学及技术实验，提供初期的天地往返运输器，为载人空间站工程大系统积累经验。这个计划的第一个目标，就是发射无人飞船和有人飞船，将航天员安全地送入近地轨道，作一定的对地观测和科学实验，让航天员安全返回地面。王永志付出了艰辛劳动和全部精力去实现这个目标。

这时，王永志赴苏访问，特别拜访了他的老师米申。这位已届74岁高龄的航天总设计师对昔日的中国学子仍然关怀备至，对他在中国航天领域取得的成就倍加赞赏。米申陪同自己的得意门生参观了"联盟"号载人飞船、"和平"2号空间站等航天器及有关实验室，解答了有关载人航天的技术问题。这无疑对王永志考虑突破载人航天技术的问题有所启发和帮助。他要做一个像他老师一样的总设计师，让中国的载人飞船上天邀游。

在王永志的精心策划和组织指挥下，经过成千上万科技人员和工人长达7年的艰苦工作，我国载人航天工程进展顺利，各个系统研制都达到了预期目标。1999年11月20日，第1艘"神舟"号飞船升空，在太空飞行21个小时后按计划安全返回地面。接着，2001年和2002年又有3艘"神舟"号飞船发射成功，并在太空畅游7天后返回地面。这些飞船不载人试验为下一步载人去太空打下了良好基础。王永志竭尽他的智慧和能力，开通了载人航天之路。志存高远，梦圆飞天，王永志和他领导的研制集体正在用自己的拼搏努力，迎接飞船把中国人送上太空那一天的到来。

49. 邓稼先攻克原子能世界

1949年，新中国从战争的废墟中站起来，开始了艰难的社会主义建设。面对资本主义世界对社会主义阵营的包围与封锁，摆在新中国面前的一个重要任务就是加强军事实力，制造原子弹，与拥有核武器的美国等资本主义国家抗衡，保卫新生的社会主义中国。

这一关系到新中国国力的重大任务落到了刚刚从美国回国的爱国青年科学家邓稼先的身上。

尽管邓稼先毕业于西南联大物理系，并在美国攻读原子核物理，有关原子核科学的全部知识和最新信息已经消融在他的脑子里，但在原子核科学毫无基础的新中国面前，制造原子弹，无疑是一项艰苦与漫长的事业。邓稼先没有被这些困难所吓倒。他花了半年时间从中国著名学府挑选了 28 名出类拔萃的大学毕业生。

邓稼先和他们一起进入了向原子弹理论方程攻击的阵地。为了验证一个数字，他们摇起那台应该是历史博物馆陈列品的手摇计算机，每秒钟只能运算 10 次。青年人等不急，干脆拨弄算盘，一次、二次，一共进行了 9 次计算，而每次验证要日夜连轴地拨弄算珠一个月！

一个关系到中国第一颗原子弹成败的神秘数字终于出现在邓稼先眼前。这个数字凝结了邓稼先和他的战友二千多个日日夜夜的心血与汗水，同时也宣告了中国第一颗原子弹爆炸成功的历史性时间：1964 年 10 月 16 日 15 时。

原子弹爆炸成功后，邓稼先又转向了氢弹研制。1967 年 6 月 17 日，中国第一颗氢弹成功地爆炸。

核武器的研究是一个隐姓埋名、辛勤耕耘、不计名利的事业，但邓稼先心中有的只是祖国的强大、人民的幸福。当他同期的同学早已蜚声海内外时，他仍然是一个身份处于绝密状态的科学家。

1986 年 7 月 29 日，邓稼先——这一无名的英雄、巨匠，为中国的核武器事业耗尽了最后一丝精力。这一天，他的光辉名字和他那充满神秘色彩的故事才向全世界宣布。

"两弹"元勋邓稼先，他的名字永垂中华民族史册，永远激励中国人民求索攻坚、勇往直前。

50. 攻坚不止的铁人罗健夫

1982 年，优秀共产党员、航天工业部陕西骊山微电子公司工程师罗健夫，这个被同志们称为"特殊材料制成的人"，在科学的道路上，为祖国和人民耗尽最后一丝热量，成为社会主义建设事业中知识分子的光辉典范。

1935 年，罗健夫出生在湖南湘乡的一个普通家庭里。他从小就是个胸怀大志的孩子。他崇敬那些知识渊博、求索攻坚的学者。因此，他在西北大学物理系读书时，同学们都夸他是"全年级最用功的学生"。参加工作后，他更是刻苦钻研，不怕艰难困苦，敢于攻克科学堡垒，在电子技术方面，为祖国做出了重大贡献。

1969 年，罗健夫接受了一项重要的科研任务，研制图形发生器，并担任这个课题组的组长。这种仪器是国际电子技术方面的尖端产品，具有世界先进水平，可是在我们国家还是个空白。当时，横在罗健夫面前的困难是很大的，国内一无样机，二无图纸，三无资料，国外又"禁运"。罗健夫过去是学核物理的，搞电子设备又不在行，加之在动乱的年代里，搞科研经常受干扰。可是这一切都没有挡住他们，罗健夫和他的同事们就是在这种困难条件下开始了艰难的攻坚。他一个人承担了两个人的工作，既承担图形发生器电子电路的设计，又顶替别人搞计算机，两副沉重的担子压在他的肩膀上。除此之外，作为课题组长还要懂一些机械制造、半导体应用等专业

190

知识。

这一切，沉重地压在罗健夫的肩上。但为了尽快缩短我国在这方面与世界先进国家的距离，罗健夫忘我地拼搏了。

深夜的灯光下，仍闪现着他的身影；天微明，他又急忙起床，一头扎入工作室，刻苦攻关。一连几年，他每天只睡四、五个小时，全部业余时间都用来勤奋读书、翻阅资料、思考设计、攻读第二外语上。

凭着这种超人的毅力与忘我的精神，罗健夫带领全组同志终于在 1982 年研制成功我国第一台图形发生器，填补了电子工业的一项空白。三年后，又研制成功Ⅱ型图形发生器，受到全国科学大会的奖励。1982 年，他在研制Ⅲ型图形发生器时，不幸被癌症夺去了生命，年仅 47 岁。

罗健夫在自己有限的生命时间内，实现了为祖国、为人民攻关不止、奋斗终生的誓言。

51. 慈云桂立下军令状

慈云桂教授是中国著名计算机科学家。为中国的计算机事业做出了卓越的贡献。他在研制成功中国第一台专用电子计算机、晶体管通用数字计算机和百万次大型集成电路计算机之后，于 1978 年 3 月又欣然接受了研制亿次巨型计算机的艰巨任务。并向领导机关立下了军令状：一亿次一次不少，六年时间一天不拖，预算经费一分不超。"现在我刚好 60 岁，就是豁出这条老命，也一定要把我国的巨型机搞出来！"

中国的计算机专家瞄准了世界上最先进的计算机，但是却没有同等的物质条件。

外国计算机公司已进入电子时代，全套的自动化流水线，而我国有些工序还停留在"象牙雕刻"的时代，元器件的质量低而不稳。

然而，"穷且益坚，不坠青云之志"。他们从世界先进技术的百花园里采集花粉，酿自己的蜜，为我国第一台巨型机设计了巧妙的结构：双阵列。把计算机的"一路纵队"改成"双路纵队"同时连结运算，并为之铺设双轨，修建众多而合理的仓库群保证供数。这样，主机的主频不变，运算速度可以成倍增加。

如果把计算机硬件比作舞台，软件就是舞台上演出的话剧；如果把硬件比作人体，软件则是这个人的知识和才能。而我国巨型机的软件系统就像一块贫瘠而荒芜的土地。不改变这种"荒芜"，巨型机就是一座徒有其名的舞台，一个四肢发达而头脑贫乏的巨人。

要在短短几年内把巨型机的头脑武装起来，工程量巨大得让人难以想象，而软件人员渺若晨星。最初只有 29 来人，后来八方支援，逐渐增加到几十人。为了装备中国巨型机的"头生子"，这批中年科技人员开始了长年累月的超负荷高速运转。

为了保证巨型机的稳定性和可靠性，科研人员和工人们发扬当年从研制晶体管通用数字计算机培养起来的老传统：一丝不苟，坚持质量第一。

下面这 3 组数字便是例证：

全机底板 25000 条绕接线，12 万个绕接点，都检查 8 遍以上；

全机 800 多块多层印制板，每块板上平均有 5000 个金属化孔，全部进行孔壁检查、孔导通测试和绝缘测试；

全机 600 多块插件板，每块板上有三四千个焊点，他们创造了 200 多万个焊点无一虚焊的奇迹。

从 1983 年起，国防科大邀请了石油部、国家气象局、总参、鞍钢等 20 来个单位，在巨型机上试算了 42 道过去在国内其他机型上难以运算的重大题目，都得到了圆满的结果。

1983 年 11 月，国家技术鉴定组对巨型机的各项性能，进行了我国计算机史上最严格的技术考核。按规定，允许主机 24 小时出一次故障，但在连续考机的 12 天里，主机运转了 288 小时无一故障。

中国的第一台巨型计算机研制成功后，张爱萍同志亲自为它题名为"银河"。

银河亿次机的诞生，向全世界宣布：中国成了继美、日等国之后，能够独立设计和制造巨型机的国家。

当我国巨型机的头生子——"银河"亿次计算机立于太平洋之滨一片闪烁着东方文明的土地上，向世界沉静地微笑的时刻，秉性刚直从来没流过一滴眼泪的慈云桂，此时，再也抑制不住内心的激动，流下了幸福的泪水。为表达自己的情怀，他写了一首七律《银河颂》外一首《浪淘沙》。

他在前言中写道："银河亿次级巨型计算机全面考核胜利结束，算是完成了党中央交给的艰巨任务。回顾五年多与同志们风雨联床、忧乐与共、知难而进的战斗历程，颇饶兴趣，特书此以遣怀。

银河颂（外一首）

银河疑是九天来，妙算神机费剪裁。

跃马横刀多壮士，披星戴月育雄才。

精雕岂为人称誉，细刻缘求玉琢材。

极目远穷千里外，琼楼更上不徘徊。

浪淘沙

喜讯几回传，笑语欢颜！披荆斩棘勇

当先。骇浪惊涛风雨急！事事年年。

捷报又翩翩，银河显现，人间碧落地

联天。妙算神机今已在，亿境千旋。

52. 王永民驯服汉字

有谁能相信，笔画繁多、字形复杂、以万计的汉字，被计算机上的 26 个键位编码代替，输入电脑，广为利用，宣告"汉字输入不能与英文同日而语的时代一去不复返了"！

这项举世瞩目的发明，就是由中国科协三大委员、"五一劳动奖章"获得者王永民研究成功的。

学生时代的王永民，是一个头脑中有没完没了的为什么、勤于动手的好学生。从小学到高中，他一直是班级的学习委员，门门功课名列前茅。1962 年夏，年仅 17 岁的王永民在高中毕业典礼上发出了豪迈的誓言："翻开我们学过的数理化课本，上面印的都是外国人的头像。我们中国人为什么不能有伟大的发明，把我们的头像印到教科书上去？"全场激动了，老校长张纪功更被这个青年学生的远大抱负震撼了，连连擦着激动的热泪，赞许说："好！好！热血可许，前途无量！"后来他把王永民的毕业誓言和作业本作为生动教材，教育历届学生。同年，他以南阳地区高考第一名的优异成绩，考入中国科技大学无线电电子系。

大学的五个寒暑，他刻苦攻读，博采众长，为日后事业腾飞打下了坚实的基础。不料毕业后突发肝病，时值国家"动乱"，被迫回老家所学用非。令他痛心疾首。

1979 年，地区科委让他主持"汉字照排机"的科研项目。在这个举世瞩目的重大难题面前，他犹豫了。

"能放弃汉字输入技术的研究吗？"他想起自己在高中毕业典礼

194

上的誓言，想起蹉跎岁月壮志未酬的昏耗，想起正在崛起的祖国……他不禁热血沸腾。他再也不能自制了，他要去攻克一座坚固无比的科学堡垒。

艰难的攀登开始了，他整天对天书般的《甲骨文编》、《说文解字》、《康熙字典》等进行全面研究，并选取《现代汉语词典》作为主要研究对象，对密布在1500多页上的12000多个汉字，逐字拆分，反复考证，把组成每一个字的"字根"一一抄录下来。一个"疆"字应拆成"弓、土、一、田、一、田、一"七个字根，再抄成七张卡片。12000多个字，总共抄了五六万张卡片，再归类统计，登录排列。首次发现12000多个汉字是由600多个字根像搭积木一样搭成的构字规律。接着，他又花了3年时间，在无数次失败和疾病缠身的情况下，对600多字根进行归纳、合并。他硬是把600多个字根压缩到140个键、120个键、90个键、75个键、62个键、48个键、40个键、36个键……

键位越少，重码越多，这就越来越成为汉字进入计算机"卡脖子"的"瓶颈"。无数专家学者都是把键位压到一定数量时而无法突破，抱憾终生。面对36个键位，能否再前进一步，这不仅仅是技术的难题，更是意志与毅力的考验。王永民重振旗鼓，一头钻进天文数字般的汉字笔划中，以前人从未有过的勇气，将36个键位再一次压缩到国际上计算机通用的标准键位——26键。

王永民的"五笔字型电脑输入技术"轰动世界。外电报道："汉字输入速度快过英文"、"庞杂汉字群输入电脑，26键位就可解决，举世称雄。"

1987年，"五笔字型"作为我国最优秀的专利技术，成了我国首次向美国出口的电脑技术。

53. 史丰收和他的"快速计算法"

史丰收，一个年仅 23 岁的学生，创立了"快速计算法"。在数字计算中，一律从高位数算起，运算简便、迅速，两个八位数相乘，一般只需要 3、4 秒钟，就是电子计算器也很难超过他。他的"快速计算法"使中外各界为之震惊。

这一切似乎令人难以置信。但一切都是事实。这既不是祖传的，也不是教师教的，更不享有特殊的社会环境。它记载的是史丰收求索攻坚、奋斗不息的路途。

1956 年，史丰收出生在陕西省大荔县两宜镇一个农民家庭。幼年的史丰收，对一切都好奇，爱动脑筋，常常向老师提一些谁也想不到的怪问题。

小学二年级时，一次上算术课，老师正讲得起劲，可史丰收却两眼发愣，看着老师在黑板上演算习题，忽然想出一个"怪"问题：这些数字人们读、写、看都是从左往右、从高位起的，而运算起来为什么偏要从右往左从低位起呢？要是有一种办法能从左往右算，将读、写、看、算一致起来该有多方便呢！说不定还能简化运算过程，直接就写出得数来呢！

他将这个想法告诉老师，老师也无法回答。只是鼓励他，只要有兴趣，可以发明创造。

从这时起，他向这个问题发起了进军。他首先试验着从高位算一位数乘法。白天算，晚上算，他整天沉浸在数字的海洋里。

无数个日日夜夜的演算，千百次失败，带来了几次成功。史丰收看到了其中的一定规律，信心倍增。一次，他从公社营业员打算盘打二乘五时，将五去掉后，心中一亮，发现关键在于"进位"上。

他进入演算的世界，如痴如狂，终于摸索出了任何数乘以2至9的速算规律，并初步编成了一套算前位，看后位，提前进位的口诀，从高位算起，看见算式就可以直接写出得数。

史丰收的神速计算，引起当地教育局的重视。他被保送到西北大学附中，一面学习，一面研究计算法。

辛勤的汗水，专家的帮助，使他的研究突飞猛进。到高中毕业前夕，他解决了平方开方的速算法，并全面系统揭示了从高位算起的"进位"和"相加"的规律性，总结出了一整套速算口诀，13位以内的加减乘除和开方平方，他能一口气报出答案，谱写了世界速算史上的新篇章。

高考制度恢复后，史丰收被中国科技大学破格录取。上了大学，他如虎添翼，不断补充和提高快速计算法。运用马克劳林级数，解决了对数和任意角三角函数的快速计算问题。他出版的《快速计算法》，发行一千多万册。

史丰收成功了！但他在成功面前，没有止步，而是又向更高的科学高峰攀登。